The Direction of Dharma Drum Mountain:
Dharma Supporters

法鼓山的方向

護法鼓手

聖嚴法師 著

編者序

實踐人間淨土的指南

佛陀在世時，弟子以佛為師，佛陀涅槃後，弟子以戒為師，佛教因此得以續佛慧命，聖教不衰。而在法鼓山創辦人聖嚴法師圓寂後，法鼓山應如何繼續擊響法鼓、普傳法音呢？

聖嚴法師曾說：「虛空有盡，我願無窮。我今生做不完的事，願在未來的無量生中繼續推動，我個人無法完成的事，勸請大家來共同推動。」《法鼓山的方向》不但凝聚聖嚴法師的悲願，更是四眾弟子修學佛道的道路，依著護持法鼓山的共願，齊心建設人間淨土。

法鼓山的由來與方向

《法鼓山的方向》原為一本結緣小手冊，出版於一九九五年，可說是當時聖嚴法師帶領法鼓山教團重點性、原則性的指示方向。如同聖嚴法師在〈自序〉所說：「這冊小書，為我們說明了法鼓山的由來及其行事的原則方向。」在聖嚴法師領眾篳路藍縷創建法鼓山後，四眾弟子便依此方向耕耘人間淨土。

「法鼓山」一名，始於一九八九年購得臺北金山的土地，由聖嚴法師將此命名為法鼓山開始。法鼓山不只是一個新建築的地名，隨著籌建過程而有了護法會、基金會，以及各會團組織的發展，逐漸形成法鼓山教團，讓「法鼓山」成為社會大眾耳熟能詳的佛教團體名稱。

法鼓山是以教育工作來完成關懷的任務，又以關懷工作達成教育的目的。因此，法鼓山為信眾、義工等單位舉辦各類教育成長課程、共修活動、讀書會活動、研習營等，皆是用佛法來做自利利人的服務，彼此支持、共同成長。只要聖嚴法師在臺灣期間，不論法務如何繁重，總是撥冗給予大眾精神勉勵，而後整理成文刊登於《法鼓》雜誌，並結集為《法鼓山的方向》書稿。讓聖嚴法師對四眾弟子身、口、意行為的殷殷叮嚀，法鼓山道風、發展方向的提點等，能以文字般若醍醐灌頂。

推動法鼓山理念的具體手冊

從一九八九年，法鼓山的創立，到二〇〇九年，聖嚴法師捨報為止，二十年之間，法師對法鼓山、弟子們的殷殷叮囑的智慧法語，猶如無盡的智慧寶藏。因此，《法鼓全集》新編小組於編輯舊版《法鼓山的方向》時，召集人果毅法師即提出，應將創辦人所有對體系成員的開示、致詞等新收文稿，整編為數冊，完整收錄創辦人對法鼓山團體的理念、創建，以及指導方針、方法。期望《法鼓山的方向》能成為四眾弟子修學佛法、護持佛法、弘揚佛法的依歸，全方位理解創辦人的理念、願心，認識法鼓山歷史與團體，實踐人間淨土的願景，並清楚法鼓山未來發展的方向。

為此，《法鼓全集》新編小組重新整編《法鼓山的方向》全部文稿，由果毅法師訂定出六冊的六大主題：理念、創建、弘化、關懷、護法鼓手、萬行菩薩。總書名定為《法鼓山的方向》，即是呈現聖嚴法師對於法鼓山發展的定位、方向。

第一冊　法鼓山的方向：理念

收錄聖嚴法師重要的法鼓山核心思想，介紹法鼓山的理念、共識、使命與願景。〈四眾佛子共勉語〉、法鼓山的共識、法鼓山的使命、心五四運動、法鼓山的四大堅持，皆是四眾弟子應牢記於心的共同理念，皆是凝聚法鼓山願心的方向。

第二冊　法鼓山的方向：創建

介紹法鼓山的創建緣起與歷程，解說法鼓山的參學與導覽，以及教育與學、分支道場。了解法鼓山的開山因緣、教育志向，以及開枝散葉的願力，更能珍惜與護持正信佛教，確信法鼓山的方向，即是此生堅信不疑的學佛道路。

第三冊　法鼓山的方向：弘化

收錄聖嚴法師在各地弘化的演講和開示，以及各年主題年的祝福與期許。主題年的勉勵法語，也成為法鼓山安定社會的一股力量。無論是法會、活動，或是文化、出版，聖嚴法師無遠弗屆的慈悲與前瞻洞見，都能啟發人們的菩提心。

第四冊　法鼓山的方向：關懷

收錄聖嚴法師的生活佛法整體關懷，包括佛化家庭、樂齡長青、臨終關懷、社會關懷，讓人們能以佛法安心、安身、安家、安業，以法鼓山的方向為人生的方向，心安就有平安。

第五冊　法鼓山的方向：護法鼓手

聖嚴法師一生「盡形壽，獻生命」，由每年的各地關懷行、成長活動，對護法會勸募系統開示，以及對僧團的期許，即能感同身受。盡心盡力為鼓手的核心精神，關懷別人、成長自己，此為推動人間淨土的重要力量。

第六冊　法鼓山的方向：萬行菩薩

收錄聖嚴法師對於各會團義工、專職人員的開示，從如何當好義工，應有的心態、身儀、口儀等，都有詳盡解說與提醒，以幫助大家成就六度萬行，成為身心莊嚴、廣種福田的人間菩薩。

每本書的策畫都是為了法鼓山的方向，都能提醒回歸創辦人為弟子們所立下的理念、精神、方針、方法。本套書以「理念」為首冊，即是因為只要偏離理念，即非法鼓山的方向，即非正信的佛教。法鼓山的方向，就是法鼓山的修行道路，就是建設人間淨土的菩薩道。

《法鼓山的方向》是聖嚴法師一生悲願之所在，是他從「願將佛法的好，與人分享」的初發心，逐步踏實的點滴成果。過程中，因有眾人的同行，得以成就法鼓山的這方淨土。因此，這套書更是他願心與願行的成就，是他帶領四眾弟子共同創建法鼓山的實際操作手冊。

這些文章開示，您可能有幸曾在現場聽聞，再次溫習將猶如聖嚴法師身影重現慈悲關懷。即使是三十年前的勉勵、啟迪，也是歷久彌新，依然能深刻感受到一代佛教導師的高瞻遠矚與開創性悲願。

成佛之道的指路明燈

此套書不但是法鼓山發展方向的依歸，更可成為每一個人修學佛法的指路明燈，讓我們以精進不息菩薩行，穩健走在佛道上。選在聖嚴法師圓寂十週年的此刻出版，也是一份對法師的緬懷與感恩。而對法師最好的感恩，就是實踐法鼓山的理念。

因此，《法鼓山的方向》除可幫助個人閱讀成長，可做為讀書會教材，也適合用於教育訓練課程的教案。如果能推而廣之，法鼓山的生活佛法，將能造福全世界，只要邁向法鼓山方向，成佛之道在眼前；只要好願在心中，當下即是人間淨土。

法鼓文化編輯部

目錄

CONTENTS

鼓手的核心精神

傳承法脈．培育僧才——僧團

鼓手的核心精神

法鼓山的鼓手是誰？

法鼓山

（一）名稱

1. 狹義：指臺北縣金山鄉三界村七鄰半嶺十四之五號（編案：目前地址為：新北市金山區三界里法鼓路五五五號）之法鼓山道場。

2. 廣義：「法鼓山」是個代表，不是一個地名，也不僅是在金山鄉，而是在每一個推動法鼓山理念的護法會員的家中或工作場所，都是小法鼓山。

法鼓山的鼓手

包括研究所全體的師生、農禪寺的住眾、信眾，護法會的所有成員。上至理事長下至每一位護持會員，都是法鼓山的鼓手。

（一）中華佛學研究所

1. 董事會及護法理事會的全體成員。
2. 職員。
3. 教員：專任教授、兼任教授、客座教授、研究員、副研究員。
4. 學生：佛學研究所及佛學院的長期研究生、學生，及在法鼓山接受短期講習訓練的學員、函授班、空中教學的學員等，散布於世界各地。

（二）寺院部分

1. 常住法師：住於法鼓山道場的每一位常住法師。

2.信眾：接受常住法師指導修行的居士；參加禪七、佛七的信眾；聽經、參加法會、朝山活動的信眾等。

這些信眾都圍繞著研究所及寺院的運作而活動，這些人是法鼓山的護持者，一方面接受佛法的熏陶，一方面也在護持參與法鼓山理念的推廣，推動禪的訓練、教育及禪坐的推廣，資深優秀者也到各地擔任講座。

3.常住師父的皈依弟子、禪訓班的學員、《人生》月刊的讀者，及凡是接觸過法鼓山的修行、教育、文化的活動者，都是法鼓山的鼓手。

其中有的具備二種以上的身分，有的只參加一次就不再參與，我們不指望人人都成為鼓手，但我們求菩薩、三寶的加持，希望他們都將成為鼓手。我們不是一定要使他們參與募款，而是期望他們能接受佛法，共同推廣正知、正見的佛法，淨化我們的社會，使每個人身心更安定、更健康。

（原收錄於法鼓山小叢刊《法鼓傳法音》）

盡形壽．獻生命

——法鼓山建設永續不絕、盡心盡力而為

在法鼓山未建立起來之前，許多整體關懷的工作無從關懷起，這是事實，所以，我們最大的希望是趕快把法鼓山建立起來。而之所以無法盡快建設的原因，並不是諸位募款不力，而是山坡地的開發須具備許多條件，因此，可能又得等到明年（一九九三）才能動工。這樣一次又一次地延期，實是我們所意料之外的事。

盡力而為，盡心而為

在建設法鼓山之前，我們從來未有任何建設的經驗，也就是因為這樣，完全無法設想如此依規定辦理之後會有什麼問題產生。即使我們的建築師、工程師也無法預料會有什麼問題，因為他們也不曾有開發山坡地的經驗；即使有開發山坡地經驗的人也無法預見將會橫生什麼枝節，因為法令會改變。想不到我們的建設法鼓山的案件，就是因為這次新法令適巧頒布而延宕。既要合於舊法令，又得遵循新法令；要配合縣政府，也要配合內政部。就這樣，新舊法同時加諸於我們，所以我們必須花數倍的時間等待、再等待、又等待審查的通過。但不論如何，我們仍要綿綿不斷地做下去。

我曾經對我們出家弟子說一句話，現在我向諸位重複這句話，我說：「我們盡力而為，盡心而為，在自己能做到的時候，做！能做到什麼程度，就做到什麼程度。心，不能急，也不要失望。」我的弟子們也曾經對我說：「師父您要保重身體哦！法鼓山在等待您，沒有您不行的！」他們固然出於一片好心、孝心，但是我勸誡他們不能說這種話！為什麼？「我的法鼓山已經建立起來了，你們的法鼓山還沒建呢！」如果今天，我離開世間了，那是我的心力、我的願力到此為止，我應該做的，我已做，我的法鼓山已建設完成；我既已完成我應做的，我當歡歡喜喜地走了，我不會因法鼓山尚未動工而死不瞑目。如果，我尚未做完，我會繼續做下去，一切是因緣。

如果每個人都抱持這種心態，心理就不會有壓力，也不會懈怠，心更不急躁。既然是「盡力而為，盡心而為」，就是盡形壽，獻生命，至於何時做出來，不管它；花多錢、花少錢，不管它；招到的勸募會員有多少，也不管它。

言行並重，如實關懷

許多會員都希望和我見面，這是人之常情。法鼓山建得起來或建不起來是一回事，但法鼓山的理念正在推動，則是真確的。然而，法鼓山的整體關懷，不是僅靠我對眾人一個個地握握手、摸摸頭，就能做得到的。我，只一個人，我的時間不可能比別人長，我已經六十三歲，此生，我可能會再有一段六十三年的光陰嗎？因此，我們必須透過各種方式做關懷。譬如參加法鼓傳薪，或是會心之旅，這也是關懷，他們可以是間接聽到了師父的話。這樣的落實關懷，是經由小組長傳遞給勸募會員，勸募會員再傳遞給每一位護持會員，如此，才能做得普遍而深遠。

十月份的大會之後，法鼓山護法會的「小組長」銜稱，更名為「委員」。往後，法鼓山文教基金會的成員有三級：法鼓山委員、法鼓山勸募會員、法鼓山會員。而身為委員級的人，就是核心分子，必須把師父的理念和法鼓山的精神，盡量體會，盡量體驗，自個人的言行中表達出去，所以諸位的品德、人格就代表法鼓山的精神，因此要言行並重，才能使不知法鼓山者，當與你接觸時，就等於接觸到法鼓山。這樣的言行一致，自然令人感受到你是值得敬重而信任你，進而願意隨你修學，這就是在做關懷的工作。

另外，婚喪喜慶是關懷工作中很重要的一環。在這方面，我們做得較多的是喪的方面。人遇有家庭的重大變化，更需要關懷和協助，此際，給予慰問、幫忙，更易令人感受佛法的慈悲而皈依三寶。至於結婚時，送花或送卡片皆可；其他的喬遷、生子等，也可用這種方式表示關懷。小組長代表護法會致賀，對自己的勸募會員、護持會員如實關懷。就層次而論，對法鼓山親近愈多，對法鼓山理念推動得愈多者，享有這份榮譽愈高。而師父對小組長也有一份心意，我準備蒐集各小組長的生日資料，用電腦彙整，專人處理，寄卡片給每月的壽星致意。雖然我的時間無法滿足所有想見我的人的願，但是，我的關懷卻可以透過各位的關懷，讓大家得到。

不以毀譽而悲喜，凡事謹慎

近一年來，「法鼓山」在許多媒體都出現過，特別是今年（一九九二）上半年我回國的三個月間，在電視上出現九次，頻率很高，同時，也在許多報刊如《聯合晚報》、《自立早報》、《自立晚報》、《中國時報》、《聯合報》、《中華日報》、《中央日報》等連續報導數次，而且刊出的版面相當大，不是整版也是半版。像這樣連續的報導，我們切不可沾沾自喜，而應隨時隨地警惕自己，並了解毀和譽、讚歎和批評是互為表裡、互為因果的。站得愈高，風頭處，挨風颳得愈厲害！謠言，如有心人強貼在我們腦後的辮子，我們否認是不行的，那只會愈描愈黑；我們承認也不對，因為它本來就不屬於我們的。不論如何，不管它，「謠言止於智者」，是最好的辦法。

法鼓山，不論受讚歎或批評，我們都不可以因此毀掉自己，我們法鼓山的作業自開始就謹慎小心，做任何事也是一樣，請大家謹記在心。

（一九九二年七月十四日小組長拜見時開示，由楊慧媖居士整理，刊於《法鼓》雜誌三十六期）

關懷別人・成長自己

法鼓山的會員，要把法鼓山的理念告訴人，把法鼓山正在做的社會公益教育的淨化事業告訴人。我們用佛法提供有益於人的服務，也可以邀請人家來當義工，藉機讓人接觸了法鼓山，產生認同之後，自然就會參與我們，一同來做關懷社會、淨化人心的工作了。

我們關懷人，不一定是用錢，關懷他們的身心狀況、家庭情況，那就是一種溫暖，就好像是家裡的人一樣。當一個人常常受到另外一個人的關懷、尊重和照顧的時候，就會感覺到非常安慰，也會覺得很有幫助。因此參與法鼓山學法及護法活動的人，並不是本身僅僅參加勸募而已，更要緊的是學著如何照顧人、關懷人，在照顧、關懷家人及其他的人之中，自身也得到了照顧及關懷。

法鼓山的會員要學會如何在適當需要的情況下，慰問家人，慰問他人，當你的家人或是受你照顧的菩薩們家裡有了喜事，要給他恭喜；有了一些麻煩，要給他勸勉安慰；他們發生的事情，就好像你自己發生了事情一樣，比如說，有人家生了孩子、孩子考取了學校、他們家的孩子滿週歲、孩子結婚、他們自己的生日等，你知道後，打個電話，或是親自拜訪表示恭喜，表示代表法鼓山的聖嚴師父及全體會員的祝福慰勉。

人與人之間，能夠互相關懷，是非常可貴的事，也是非常重要的事。法鼓山的佛教徒精神，是以照顧他人來做為成長自己、提昇人品的最高法門。心懷慈悲的人，就能成為受人敬重的人。慈悲是什麼？是無條件的關懷、體諒、協助等。

還有一點，我們正在推行「家家蓮社，戶戶禪堂」的運動，那就是佛教的家庭化。因為佛教是普及化的宗教，凡有人的地方就該有佛法在那裡，凡有我們法鼓山的會員所在之處，那裡就是佛堂和禪堂，就是說，你學佛、信佛，處處可以念佛！處處可以靜坐！不是說一定要在寺院才可以，而是你在哪裡，佛法就在那裡；你在哪裡，佛堂就在那裡；你在哪裡，禪堂就在那裡。若做到了這一點，凡是有你在的地方，那地方就是被佛的慈悲和智慧所關懷、照顧的地方。不過仍得定期參加寺院的共修活動，才能更積極地自利利人。

（原刊於《法鼓》雜誌三十三期〈如何精進推廣佛法〉一文，後將問答形式重新整理成文，收錄於法鼓山小叢刊《法鼓山的方向》）

如何精進推廣佛法？

擊慈悲智慧的鼓，主動關心別人

問：如何凝聚會員對法鼓山的向心力？

答：這有很多的方式，但最重要是要把法鼓山的理念告訴人家，把法鼓山正在做的事告訴人家，而這些事是對每一個人都需要的；但如果我們現在正在做的事和他沒有什麼關係的話，那我們就要提供對他本身有益處的服務。不過也不見得是每個人都能做到的，所以我們可以先請人家來當義工，因為請他來做義工，結果接觸了法鼓山，而對法鼓山產生了一種認同，產生認同之後，自然就會有向心力了。

我們要關懷人，不僅僅是要他出錢而去關懷他，而關懷也不一定是用錢，我們在關懷他的情況：身心的狀況、家庭的情況，我們要常常關懷他，那就是一種溫暖，就好像是家裡的人一樣，一個人常常受到另外一個人的關懷、尊重和照顧的時候，就會感覺到這個人非常親切，也會覺得很有幫助。因此我們本身參與法鼓山活動的人，並不是本身僅僅參加勸募而已，而是要學著如何地照顧人，這非常重要，譬如說助念團也是非常重要的。

另外就是適當地慰問人家，在什麼樣的情況要給予慰問？當人家家裡有了喜事，要給他恭喜；有了一些麻煩，要給他勸勉安慰；如果他家裡發生事情就好像自己發生了事情一樣，這都是非常好的事，比如說，他家裡面的孩子考取大學，你打個電話向他恭喜，他很歡喜，他家裡的孩子滿週歲，你知道後，打個電話給他，或是親自拜訪到他家裡去看他一下等方式都可以，所以關懷不一定要花什麼錢。

人與人之間要能夠互相關懷，這是非常重要的事，我們佛教徒一般的缺點就是只知道自己修行，很少能關懷別人，但這並不是佛教徒的精神，佛教徒的精神應該首先要照顧人，心懷慈悲，慈悲是什麼？慈悲是關懷、照顧、諒解、同情等，因此我想所謂的向心力，都可藉由這些方向凝聚。

還有一點，我現在推行「家家蓮社，戶戶禪堂」。我在推行的這一個理念，就是佛教能家庭化，因為佛教是普通的人間化，有人的地方佛教就在那裡，縮小到最小的，就是你在哪裡，佛堂就在那裡；你在哪裡，禪堂就在那裡，這是什麼意思？就是說你學佛、信佛，處處可以念佛啊！你學佛、信佛，處處可以靜坐、修心啊！不是說一定要在哪個地方才可以，而是你在哪裡，佛法就在那裡，你在哪裡，佛堂就在那裡，做到這一點，那麼，凡是有你在的地方，那地方就是有慈悲、有智慧的地方。

循序漸進引導丈夫學佛

問：身為家庭主婦，想積極親近法鼓山並推廣佛法，可是先生沒辦法認同，該怎麼辦？

答：一般來說，先生比較忙，要跟太太同時密切親近道場比較不容易，但是就如高美蓮居士所講的，如果有事情給他做就比較好。而在推廣佛法方面的事情還是滿多的，因此我們可以請先生們就其實際上的專長發揮來幫我們做事，至於做事的場所，不一定在法鼓山、在農禪寺，甚至是小組裡面有事也可以請他參與，不過要注意：並不是請他來聽我們說話。因為很可能有的人最初會想：「我替妳做一下就好了，妳不要找我囉嗦。」但若我們就純是請他來幫忙做事，以這種方式的參與，久而久之，看到你們那麼熱心，漸漸地，他也會受其感染。

在做事的時候，他偶爾聽到你們討論的內容，一句、兩句地聽，覺得好像很有道理又受用，再加上看到你們參加法鼓山聯誼會後，性格變了，想法變了，待人處世的態度也變了，變得比以前好、比以前穩定，那麼，他自然會覺得親近道場、修學佛法是有用的，慢慢會有興趣看法鼓山的資料，接著是師父的書、我們的雜誌刊物，繼而就會產生了認同感。

因此，在解決這個問題的時候，不要一開始就請先生學佛、修行，對他來說這大概不容易。如果改以這種鼓勵他幫忙的方式，先生會從剛開始的旁觀者，漸漸覺得妳這樣投入也不錯，或者是「妳可以去，我不一定要去，我不反對妳，但妳不要叫我去」的想法，漸漸地，他可能會說：「好啦，妳的事情我也替妳做啦！」就這樣子，漸進式地讓他親近了佛法。所以，我們做事不要太快、不要太急，太急了，欲速則不達，反而會增加困擾，帶來夫妻之間的爭執或不愉快，這點請大家注意。

一心不亂要日日不間斷

問：我參加念佛會五年了，但是每次的共修開示，師父可能為了照顧新進的會員，所以在內容上淺顯了一些，能否請師父增加深度？

答：內容加深，基本上我不反對，但念佛本身是三根普被，如果說得太深奧，變成哲學化，對我們比較沒有用處，我們最主要還是講究實用性。另外，如果理論太多，對我們而言，是一種知識、一種學問，不一定能解決問題，我們所希望的應是能將佛法運用到日常生活中。過去的祖師大德，也是教導我們念阿彌陀佛，專心一意，念到一心不亂。

問：我主要是修學淨土法門，念阿彌陀佛，拜阿彌陀佛，但是心總是靜不下來，妄想很多，請問師父如何才能達到一心不亂的境界？

答：我們一般人在平時，因為時間不夠，往往都是斷續、散心地念佛。一個人如果經常在散心散亂中生活，一下子希望念十分鐘或一小時的佛號，就能一心不亂，這是不容易的事，除非是有深厚的根器。因此我們希望念到一心不亂，要一日、二日、三日乃至七日不間斷地持念，精進地用功，才能達到那種境界。

淨土法門主要是重信心，如果我們無法達到一心不亂，但只要對阿彌陀佛深具信心，願意往生西方極樂世界，死後也會生西方淨土。

修行環境

問：自己想要更精進地修行，可是環境不允許，該怎麼辦？

答：一種是福報，一種是業報，有福的人或是業報輕的人，他們修行的障礙比較少，但是也有善根深厚福報卻很少的人，這要修行一定是障礙重重。

遇到的障礙有的是來自自己的身心，有的是來自環境、職業或自己家庭的種種障礙，但是最大的障礙可能來自內在因素，而不是外在的，這種心理上的問題比外在環境問題更嚴重。

如果每次自己想要修持，例如打坐拜佛時，家人總是希望看電視、聽音樂，這種情形就是福報不夠，業報很重，因此要知慚愧，不要罵家人，也不要恨他們。這時要了解是自己的福報不夠，應該多培福，應該多諒解人，對他們多一分照顧。雖然他們與你的想法、信仰不一樣，但是希望他們能夠轉變，就必須先轉變自己，而不要想先轉變環境，因為先轉變環境，一定會帶來更多的衝突、更多的障礙。

另外，如同在法鼓山〈四眾佛子共勉語〉二十句裡最後兩句提到「處處觀音菩薩，聲聲阿彌陀佛」，我們要發願念佛，天天持續不斷地念佛或是持咒，最好發願持二十萬遍。我經常勸人持〈準提咒〉，只要是為了善修心、發菩提心的目的，大多可以達成。

但我們也可能遇到自己發願吃素以後，家人一定要你吃葷或燒葷菜，像這種情形可以權宜處理。一方面自己吃素要注意營養，如果家人一定要你煮葷菜，你就煮給他們吃，因為現在一般人很少會買活雞，所以不必自己親自殺，我們買現成的給他們吃，照顧他們，有一天就能感動、感化他們，終會調回頭來吃素。

真心禮敬為恭敬三寶的根本

問：上廁所之前，是否應該把身上配戴的佛珠、佛像取下來，才表示恭敬呢？

答：看情形而定，譬如在旅途中、在餐廳用餐時上公共洗手間等，是不必取下。即使隨身帶有佛經，要進入之前，可塞入衣服口袋、手提袋後進去。如果太大，口袋放不下，請別人幫忙拿著，只要不是故意的不敬即可，不必執著也不要迷信；而居家時，倘若家中有佛堂或自己有淨室，有地方可放置，在進入前理應取下。

問：人往生時的意志狀態是否和麻醉或昏迷一樣？而在家人往生時能否穿著海青？

答：海青只是普通服裝，原本是中國人的大袍，任何人、任何時間都可穿，往生時，不論火葬、土葬都可穿。將往生的人，在彌留的狀態和打麻醉藥的情況是不一樣的。人的腦神經在人生的最後一刻，會有迴光返照的現象，即使生病的人，病況危急得不省人事，但是臨終最後一念，身體的潛能，瞬間恢復正常，腦筋也一剎那間清清楚楚，沒多久，就離開了，離開以後，他的神識是清楚的，這和麻醉或昏迷是不一樣的。

（聖嚴法師口述，護法會整理，刊於《法鼓》雜誌三十三、三十四、三十七、三十八、四十期）

學著做受苦難的菩薩行者

諸位到法鼓山參加法鼓傳薪，發心擔任菩薩行者，就是要學習佛菩薩的精神，學著受苦受難，學著盡義務、盡責任。

一般來說，人們總是爭取權利而不能夠盡義務、盡責任，大家都想離苦得樂，結果，大家是受苦受難，沒有人來救苦救難。

因此，如果要使我們的社會、人間能夠更好一點，生活環境能夠更安全一點，我們一定要從本身做起，要多付出、多努力。

如果，我們老是想到自己有苦有難，總是希望著南無大慈大悲觀世音菩薩來救救我，這樣子的話是菩薩？還是個鬼？要學做菩薩，是要把自己的問題放在一邊去，要把人家的問題、人家的苦難挑起來，常常想到人家有苦有難，就會救苦救難。

同時，我們也要學著能夠調適、平衡心理，訓練我們生活裡的一舉手一投足，都能夠讓人家發現是法鼓山的人，是在推動「提昇人的品質，建設人間淨土」的建築師。而這位建築師不但是建築「人」，實際上，是要從自己建築起的。

所謂品德，是從內心培養的，品格則是由我們的行為表現出來的，品性是我們的身、口、意三業的行為表現。所以，品德、品格、品性這三種缺一不可，而且是連貫相通。所以我們吃飯的行為，也算是修行的行為，也是做為表率的行為。諸位都是菩薩行者，因此，吃飯、喝水都不是要我們緊張，而是要我們在輕鬆法喜之中完成，中規中矩，非常地和諧、平衡，不會擾亂他人，甚至於還能夠影響他人跟你學習，這就是法鼓山的菩薩行者的形象。

此外，也要培育自己具有福行、定行、智慧行。所謂福行，就是為大眾服務，以身心侍奉三寶，服務大眾。侍奉三寶就是侍奉三寶道場，因為許多的人在道場裡修行，是代表著三寶的，所以，我們做任何功德，都有無量的福報。

所謂定行，是說身體在哪裡，心就守在那裡，不要分開。你的身、心和工作的地方及工作的項目是一致的，這也叫盡心盡力、全心投注，這確實是修行定的一種方式和方法。

第三種是智慧行，由於捨自己而為他人，這自我就愈來愈淡。一般來講，有煩惱而沒有智慧的原因，是因為自私心太強，常常認為自己了不得，自己捨不得，所以有煩惱而沒有智慧。例如在禪七裡，所有一切的工作都非常地簡單、非常地單純，可是如果是一位嬌生慣養或自視很高的人，就覺得不屑來做掃地、抹桌子、劈柴、清潔環境、擦玻璃、掃廁所的工作，會認為身分高、架子大，來做這些事是丟臉的，覺得這些事都是勞工在做的、苦力在做的，我們怎麼能做！如果有這種心，就是愚蠢，這就不是智慧。菩薩行者是樣樣都做的，有時候，我會打掃廁所，有時候，我也會做苦工，掃地一樣掃。

對我們出家人來講，沒有一樣事是高貴的事，也沒有一樣事是低賤的，任何事都是值得做的。菩薩行者就是要學這樣的精神，這也是智慧。所以，雖然是在修行的過程之中，也會有一些勞動體力的工作，但當中還有三種涵義：1.是修福，2.是修禪定，3.是修智慧。因此，我們要非常歡喜地、非常認真地，對於分配到的工作，盡心盡力做好。

（一九九二年九月二十一日講於第三屆法鼓傳薪，胡天祥居士整理，刊於《法鼓》雜誌四十二期）

以身作則最重要

我們推動法輪，一定要實質的內容。我們要讓接觸到法鼓山成員的人，感受到佛法的確有用，參加法鼓山的活動，的確能夠自利利他。

信佛必須學佛，要付諸於行動，要從自身做起。例如說，儘管你常對孩子、太太（丈夫），或者父母、兄弟等親朋好友，講起佛法有多麼地好，而你自己並沒有身體力行，怎能影響他們，又怎能接引他們信仰佛教呢？

曾有一位太太問我：「師父，我的先生不信佛怎麼辦？」「妳自己要先做個像樣的佛教徒。」我說。

有一次，有位太太表示希望跟我們一起去弘法，我說：「妳要小心，妳的先生會生氣。」她說：「師父您放一百個心，我先生已經答應。」「這樣很好，事先都取得家人的共識，真是個好太太。」結果她一回家，她先生就講：「從此以後，不准去農禪寺，否則我就不客氣了。」那位太太私底下向我請教她先生變調的原因。我說：「問題不在於妳的先生，而在於妳，妳自己本身沒有以關懷心好好地待妳先生，也沒有真正了解他，妳根本也不了解自己的情形，所以妳會跟妳先生產生一些問題。」

有好多人會講：「你是一個佛教徒，怎麼也會這個樣子啊！」這樣的話很有用，可以提醒你反照你的心行，好漸漸修正。

就有個媽媽向我說：「我的兒子不信佛，常常教訓我，只要我一生氣，他就提醒我要念觀世音菩薩。」我則開示她：「當妳兒子看到媽媽在生氣，會請媽媽念觀世音菩薩，是有善根的好孩子，怎麼不是信佛的？倒是妳信了佛，竟忘了念佛學佛。」

所以，我們要做一個法鼓山的鼓手，首先要自己調伏自己的心行，若自己的身心平衡，才能對家人、對自己有用。

也許有人會以為，聖嚴師父大概有什麼奇招可以教教我們，希望學回去能見招拆招、化招，可以運用自如，遇到任何難題都能迎刃而解。其實我這裡沒有奇招，我是這樣的：以無招勝有招，人家罵我、毀我、折磨我、打擊我，都不必還招，所以滿省力的，如果反擊的話，便成了爭議性的人物。我們有義務的法律顧問好幾位，不是請來打官司，而是為了恰到好處地遵法、崇法。

（一九九二年九月二十一日講於第三屆法鼓傳薪，刊於《法鼓》雜誌三十八期，原收錄於法鼓山小叢刊《法鼓山的方向》）

法鼓山就是法鼓山

法鼓山建設的第一目的，是將佛法傳遞給別人，至於人家捐不捐錢，這是次要的事情。我們的原則是有先後次第的三連鎖，先讓他人了解佛法，並且對他有用，然後再為推廣佛法而來護持。我們修學佛法，首先要知道佛法是什麼，自己覺得受用以後，再將方法與好處告訴他人，當我們告訴他人好處與方法時，就是推行佛法，如果對方認同我們，之後也可能贊助我們，這是一種三連鎖。我們需要勸募的目的是希望推廣佛法，例如印書、培養人才、辦活動等都需要錢。所以我們護持佛法是為了弘揚佛法，弘揚佛法的目的是希望更多人來修學佛法，所以弘揚佛法的同時，就是在護持佛法。

什麼是佛法？佛法很簡單，但也是非常地難。有的人會說，佛經那麼深都看不懂，但是如果以簡單的方式來說佛法，就是慈悲和智慧。有一次一對夫婦來見我，太太告訴我：佛教所說的慈悲非常好。她先生就問我：「如果小孩子很壞，要不要管教？」我說：「當管則管，當教則教，當罵則罵，當安慰則安慰，要恰到好處地做。」他說：「這算什麼呢？」我說：「這是慈悲啊！」為什麼呢？這是很理性、很有智慧的慈悲。慈悲和智慧是連在一起的，如果只是濫好人、濫慈悲，那不是慈悲。例如小寶寶想吃糖，就給他糖吃，要吃巧克力，就給他吃巧克力，這樣無止盡滿足他的要求是慈悲嗎？我們都知道巧克力、糖果吃多了會蛀牙，對身體反而有害。又如果小孩子不願意讀書，我們就慈悲不讓他讀書，或小孩子調皮不聽話，或都已經十來歲了，大小便還都解在床鋪上，這時怎麼辦？當然要調教，這就是智慧。

所謂智慧，就是不生煩惱，用理智來處理事情，應該怎樣做就該怎麼做。而慈悲，即是幫助所有的人，我們只要掌握這兩個大原則就是佛法。另外在〈四眾佛子共勉語〉中的最後二句「處處觀音菩薩，聲聲阿彌陀佛」，這是非常有用的兩句話。當我們覺得難過時，可以試著念佛。但有些人念佛還是生氣，這是因為不懂方法。我們念佛要一邊念，一邊聽自己聲音，念一句阿彌陀佛，數一個數目字；念一句阿彌陀佛，注意鼻孔呼吸的出入，這樣氣就會慢慢往下沉，生氣也會漸漸平息。

我們這個世界居住的人很多，人和人之間的問題也是非常繁雜，不僅人和人之間會發生問題，我們自己和自己也會發生問題。我們常常跟自己做對頭、做怨家，也常常走在三叉路口自我困擾，這是因為不懂佛法的緣故。如果懂得佛法，就比較能恰到好處地處理問題。曾經有一位印度人問我：「我爸爸希望我回他公司工作，但是我自己不想回去，因為我一回去，就沒法做董事長了，最多也只能是我爸爸公司的第六個位子，必須受到管制，不像現在我是管人的。」我說：「你自己做生意，應該很好啊！」他說：「我現在做生意做得一肚子火，煩惱很多，不僅家裡面發生問題，公司員工、業務也有問題。」我說：「那你回到你爸爸公司好了！」他說：「師父，我是問你問題，怎麼我這麼一講，你就叫我到那邊去。」我說：「兩邊你總要放下一邊，你要選擇。」

他說：「師父你替我選好不好？」我說：「我只是分析給你聽，不替你選，看你究竟是要煩惱、要麻煩？還是要榮譽？」他說：「煩惱不要了，但榮譽還是要。」我說：「沒有這樣的事，兩樣東西一定是同時進行的，有煩惱一定連帶其他東西，就像玫瑰花一定連帶刺一樣。」他說：「我現在刺太多了。」我說：「那你就將花也一起丟掉，趕快回到你爸爸那邊去，過幾年後再說。」他聽了我的話，拜了三拜就走了，我相信他是丟下自己的榮譽了。像這樣就是他自己的虛榮心作祟，弄得他很痛苦。如果以佛法來講，學了佛的人會好好選擇，做一個理性的判斷，不要浮面的虛榮心，而是實事求是。

因此，我們法鼓山不做虛偽的宣傳，不做誇大的吹噓，有什麼說什麼，做什麼就講什麼。還有我聖嚴，是個普通人，不要把我宣傳成大師、活佛、神或菩薩，我只是普通的人、普通的法師，但是我是在做佛法的事，能做的就盡量去做。此外，對於人間淨土，我們不要把它想像成是西方極樂世界，而是人間能夠做到的，我們努力去推動。我們先從自己內心做起，再推至家庭、周遭環境，給予他人幫助，這就是建設人間淨土。人間淨土裡一定有人的問題，也會有煩惱，但是少一些煩惱、少一些問題，人與人之間的仇恨、鬥爭、妒嫉……，就會減少。

所以，身為法鼓山的一員，必須了解我們的理念，除了二十句共勉語外，還要多看我的著作以及錄音帶，此外，我們要做到彼此的關懷。例如在小組裡可以成立念佛團、助念團；或是集合居住附近的幾戶家庭，定期在某一個人的家裡，舉辦共修活動，也可以互相切磋討論彼此的問題、看書的心得或對佛法的體驗。互相幫助，不是為了生意或是牽涉到政治問題，而是為了學佛，這就是我一直想提倡的「家家蓮社，戶戶禪堂」理念。一個家庭裡幾個人一起共修，週末時到農禪寺參加共修，聽法師們的開示，這樣慢慢地家庭就會更和睦、生活也會更安和。

我們要掌握救苦、救難、救急的原則，除了彼此互相安慰、互相勉勵外，還需用佛法給予精神上、心理上的支援。當我們自己發生問題時，雖然已有很多年的佛學基礎，還是可能無法用上。這時如果另外一位同修，勸導我們、安慰我們，我們又會提起信心來，自己提起信心，也會覺得社會很溫暖，因此我們要多關懷別人。

另外，我們法鼓山的會員們，每一個人都要以法鼓山為榮，因為我們是個共同體，所以要愛惜我們的光榮、珍惜我們的榮譽。什麼是我們的榮譽？就是法鼓山的人，是以推動「提昇人的品質，建設人間淨土」為目標，千萬不要造成法鼓山的人是向人要錢的形象。我們是去幫助人，不是剝削人的；是對社會提供、奉獻我們的智慧、才能，不是剝奪社會的一切。我們要讓人家了解，他出了錢是為了替他自己存款，我們是在幫助他人儲蓄，而非剝削他人。

我們凡事如果能多存一分關懷，就會多一分認同；多一分照顧，就會多一分力量，而這也就是推動人間淨土的重要精神！

（刊於《法鼓》雜誌三十四期）

踏實、穩健，鼓勵會員參與

問：如何激發會員參與活動的積極度？

答：會員對於參與活動不夠積極，一方面是他們太忙，或是認為自己的事情很重要，寧可待在家裡看電視，也不願意到農禪寺共修，主要原因是他們提不起興趣。所以我們不要一開始就要人家來念佛、來打坐。有些人會認為為什麼要念佛？念佛是迷信！當我們遇到這種人時，就請他來參加我們的活動，例如朝山、新春園遊會等，或是請他來當義工，法鼓山需要各式各樣的義工，像撿切菜、種樹……。許多的興趣與認同都是從活動參與中得來的。

另外，法鼓山目前所舉辦的活動，較偏向動態，如果我們希望別人認同，自己本身就要往多方面去設想、安排。目前我們人力有限，所能做的事也有一定範圍，但是我們也不希望虛張聲勢、誇大其詞，或只是做一些表面看似不錯，而實質上沒有內容的活動。因此，踏實、穩健地為現有的信徒、會員，舉辦一些能夠得到佛法利益的活動，則是我們當前的目標。

至於該如何做才能達成目標？主要以分層次、分區域、分階段三個方向來進行。法鼓山現有的會員很多，如果每一個人都要聖嚴師父親自教導，這是不太可能的，但是透過現代化的設備和聯繫方式，就容易許多。例如我們曾舉辦過的「法鼓傳薪」活動，以這種方式，使熱心的護持者能夠了解，學到一些方法與觀念，然後再將這些好處傳遞給其他人。就像是一盞燈無法照亮所有的人，但若將一盞一盞的燈點亮，則可照亮更多的人。所以僅靠一盞燈的力量是不夠的，每個人都是明燈，所發揮的力量與光亮才可能無窮。目前我們的計畫和正在推動的就是把一盞一盞的燈點亮，至於燈在哪裡呢？就是在每個人心中的心燈，也就是對法鼓山的理念，以及對法鼓山推動佛法的認同。

人在一生當中，可能只要一、兩句話，就會改變我們的命運，而這兩句話也許非常地簡單。實際上佛法也是如此，但因為經過長時間的流傳，加上歷史年代背景以及各家不同的理論，反而將佛法變成學問化了，囤積到圖書館裡成為資料。然而真正的佛法並不是那麼困難，而是聽到以後就能夠受用的。例如法鼓山四眾佛子的二十句共勉語中「忙人時間最多，勤勞健康最好」，其實就是佛經所說的「精進」。精進的人他一定能夠將時間做很好的分配，能在短時間內完成很多事情。另外二句話「盡心盡力第一，不爭你我多少」，就是要我們不跟人比，不跟自己比。如果我們跟人比，比別人好時就會驕傲，比人差時，就容易灰心、失去信心。跟自己比，如果覺得今年比去年好，就想大概還可以往上爬，結果爬得很辛苦。若是只求盡心盡力，能夠爬上值得歡喜，爬不上去掉下來時，也是正常的現象。爬山本來就有上有下，路也有崎嶇與平坦，所以凡事只要盡心盡力，不必爭一定要獲得什麼。

因此，當我們知道一、兩句對自己有幫助的佛法時，將它告訴別人，這就是法鼓山的「法」。「鼓」，是要敲的，我們知道佛法之後再告訴他人，就是敲法鼓。法鼓山是一座山的名稱嗎？不是的，法鼓山是指所有推動實行法鼓山理念的人和地方，它不是一個固定的地名，而是精神的象徵。法鼓山是培養和推動人間淨土理念的中心點，我時常比喻，法鼓山正是個發射台，所有的會員則是轉播站，我們能夠以這樣的方式來推動佛法，我們人間就會真正達到人心的淨化、社會的淨化之目標。

（刊於《法鼓》雜誌三十五期）

以菩薩心拜大悲懺

——一九九四年護法信眾聯誼大會開示

今天要向諸位說明拜懺的意義。拜懺，就是懺悔我們的業障。在娑婆世界的每位眾生都有很多業障，必須懺悔。業障輕的，會障礙我們修道，也就是當我們不修行時，沒有障礙，一旦開始修行，種種障礙就會出現；業障重的人，平時沒有障礙，當想要做一些事，尤其是一些好事，障礙就會出現；至於業障更重的人，終其一生中，不管有事沒事，在心理上、身體上、環境上，都常常會有各種的病痛、阻礙等業障。在我們有障礙之後要拜大悲懺，沒有障礙時也要拜懺，因為人人都有從過去世以來的業障。

觀世音菩薩非常地慈悲，說了〈大悲咒〉，宋朝四明大師便根據〈大悲咒〉，同時收錄了《法華經．觀世音菩薩普門品》中最重要的一部分，編成《大悲懺法》，也就是我們今天拜的大悲懺。

相信很多人都知道，在得到法鼓山之前，農禪寺為另覓建地，足足找了八年，最後在集合了一千多位菩薩，誦了二十一遍〈大悲咒〉之後得到感應，才找到現在位於臺北縣金山鄉的法鼓山。可見即使障礙很多，經由拜懺也可以消除。

今天我們所處的社會非常混亂，人心難測，環境複雜，每個人也都有各自的煩惱與障礙。因此今天我們集合近八千位菩薩一起拜這場大悲懺，目的就是希望能消除我們的業障。

修行，若是一個人修行，就只有一個人的力量，二個人一起修行，就能同時得到雙份的力量；今天我們有七千多位菩薩一起修行，就可以得到七千多份的力量。這樣殊勝的因緣可說是前所未有的。我站在台上帶著大家一起拜懺，能夠感覺到你們每個人的力量都集中到我身上，也感覺到力量從我身上分布、分享到每位菩薩心中。

法鼓山截至目前為止，是一個不算大的共修佛法的團體，只有十六萬人的會員。但是我們能有今天的功德，都要歸功於這十六萬位菩薩，所以我們也要把今天的功德與這十六萬位菩薩共享；如果說法鼓山是一個大家庭，身為家長的我，願意把我從十三歲出家以來修行所得的一切功德都迴向給十六萬位菩薩。

此外，法鼓山的理念是「提昇人的品質」，目的要「建設人間淨土」，我們也應該把所有功德分享、迴向給所有需要佛法的人，讓他們在得到佛法之後，都能共同實踐我們的理念。

今天除了北部的菩薩們之外，在座有很多菩薩都是遠道從高雄、屏東、臺南、臺中、臺東、宜蘭、花蓮、嘉義等地而來的，經過一夜未睡，今天還能精神奕奕地參加聯誼會和大悲懺法會，是真正的菩薩風範！

今天的聯誼大會雖然只有短短的一天，但是在事前經過半年多的籌畫準備，總計動員了五、六百位義工菩薩；在最後的三個月之中，籌備工作進入緊鑼密鼓的階段，特別是在最後的一個星期內，一些重要的幹部更到了不眠不休的地步，他們也都是菩薩！

所謂的菩薩就是要難行能行、難忍能忍、難捨能捨，像觀世音菩薩一樣，以千手護持眾生，用千眼照顧、關懷眾生。但是身處娑婆世界的我們，待人處事難免有缺失，不可能百分之百圓滿。因此遠道而來的菩薩，可能會有所委屈，而這五、六百位義工菩薩在籌備過程中，必定也是備受委屈。現在，如果你們願意承認自己是菩薩，相信你們的委屈、不滿都會因此而消融了。

我們法鼓山所有的菩薩都知道，師父寫了二十句〈四眾佛子共勉語〉，其中有兩句：「慈悲沒有敵人，智慧不起煩惱。」如果我們能常常運用這兩句話，再配合今天拜大悲懺的心，煩惱就會很快消失。

最後，祝福諸位菩薩身心平安、萬事如意、福慧雙修、早日成佛，阿彌陀佛！

（一九九四年護法信眾聯誼大會大悲懺開示，刊於《法鼓》雜誌五十九期）

做個自度度人的萬行菩薩

法鼓山的菩薩們，大家好，我們稱所有法鼓山的會員都是萬行菩薩，即是因為大家發了菩薩願，願學佛的智慧，願學佛的慈悲，發願將來也一樣能成佛，也希望將來所有的眾生都能成佛。也就是說諸位學佛是在學菩薩行，所以法鼓山的人彼此之間都稱對方為菩薩，認識的稱某某師兄、師姊，不認識的稱對方為菩薩，即使見了沒有學佛的人，我們也要稱對方為菩薩，因為我們尊重人，所以把對方都視為菩薩，而能尊稱別人為菩薩的人，本身也就是一位菩薩。

難行能行、難忍能忍、難捨能捨

大家在日常生活中的一言一行都是在修行，修行主要是修福和修慧。孝順父母、布施供養、做利益他人的事、說有利於他人的話，這都是在修福。而念佛、拜懺、打坐、聽開示、看佛經、運用佛法讓自己減少煩惱、減少困擾，解決生活裡的問題，這就是在修慧。

因為修福修慧的範圍和方法非常多，我們總稱為萬行。每位法鼓山的會員所作所為，都是在修福修慧，所以稱之為萬行菩薩。

身為菩薩是要難行能行、難忍能忍、難捨能捨，這是很不容易做到的，誰都知道，最不能捨的就是自己的生命，其次是兒女親情，還有名聞利養。有些人甚至順水人情的一言半語都不願布施，這就未免太吝嗇了。我們能用自己的才能、財力、智慧，和自己的福報來幫助他人，這就是捨，唯有能捨才能有得，這就是在修福；但在幫助他人解決困難和苦惱的同時，自然而然就在修慧了，當我們在做這些事的時候，自己的煩惱問題也就會逐漸地減少，我們幫助別人解決困難，自己的問題就不是問題了。同時，當我們有困難時，別人也會來幫助我們解決困難，所以修福修慧其實是並行的，真正有智慧的人一定會有慈悲心，而真正有慈悲心的人也一定會有智慧、有福報。

以智慧做抉擇

菩薩不容易做，所謂的難行能行、難忍能忍、難捨能捨是從小處、易處開始做起，是從可行、可忍、可捨點上開始，慢慢地、慢慢地做，愈做就會愈有成就感，愈做就會愈覺得值得去做，漸漸就可以難行的也能行，難忍的也能忍，難捨的也能捨了。常常以菩薩的精神勉勵自己，看待他人，這是學佛修行的基本原則。

我們人的心總是希望得到好的，享受快樂的，對痛苦惡劣的總是避之唯恐不及，有些人讓我們一見到就很歡喜，有些人我們一碰到就很反感、很難過，相信大家都有過這種經驗。但是做為萬行菩薩的我們，不管是面對順緣或是逆緣，都應該感激，都應該坦然接受。逆緣其實是從相反方向來幫助我們的助緣，有所謂相反適相成。如果我們只能接受成功而不能接受挫折失敗，如果我們只能接受順緣而不能面對逆緣，那我們的智慧和福報也不會成長得那麼快了。

不過，有些人會反問說：如果我們持這種態度來為人處世，就會有些人總想占我們便宜，那該怎麼辦？這時就必須要以智慧來處理，不論是何種的布施，都要量力而為、量力而行，一切要以佛法的利人原則來做判斷。也就是說難捨能捨、難忍能忍、難行能行，都要有智慧做抉擇才行。

每個人都有能力來度人

法鼓山的體系分成兩部分。一是僧團部分，是出家人以修行佛法、弘揚佛法為目的。一是居士部分，是在家居士以佛法來幫助自己也幫助別人，因此也要修行佛法才行。

在以往中國社會裡，有個根深柢固的錯誤觀念，總認為修學佛法是出家人的事，在家居士是不需要修學佛法的。如果有居士修行佛法，一定會認為他消極、失意、遭遇了挫折，或是年歲老了沒事可做的緣故。其實早在佛陀時代，佛陀就經常帶著一千二百五十位弟子分頭去托缽，和布施的居士們結緣，並向居士們開示佛法，到了晚上，佛陀在精舍說法講經時，很多居士都會前去聽法，在當時有名的十大精舍都是居士們布施的，其原因就是居士們在聽聞佛法後，了解佛法的好處，才布施出來的，所以聽法的居士是愈來愈多，比較起來，出家僧團還算是比例較少的部分，這在《阿含經》裡都曾提過，甚至有些場合，佛陀還有專為在家居士說法的，所以修學佛法是不分出家、在家的，我們法鼓山不只是成就出家僧團修學佛法，也成就在家居士利用佛法幫助自己、幫助家人以及周遭所有需要幫助的人，一點一滴把佛法傳播開來。

原本在大乘佛法中，在家居士是占大多數的，但到了中國之後，認真學佛的居士部分竟逐漸萎縮，而出家眾部分則逐漸增加。到了現在，還有一種錯誤觀念，認為皈依三寶就等於是出了家，這是何等的偏差！對這種普遍錯誤的現象，身為佛教徒的我們，一定要負起糾正這種偏見、誤解的責任。從這也可以看出我們弘法人才真的是太缺乏了。

因此，我們法鼓山不僅要從僧團之中培養弘法人才，也要從在家居士之中培養弘法人才來護持佛法、宣揚佛法。我聖嚴師父不可能度盡你們大家，而是要你們大家一個接引一個，一個協助一個，佛教徒的人數才能增加起來的。因此，你們每個人都有機會、都有責任，也都有這個能力來度人的，你們一定要對自己有信心，唯有出家人及在家居士都在修學佛法、護持佛法、弘揚佛法、接引眾生，才可能做到普遍地淨化人心、淨化人間。

法鼓山的人間淨土年，重心是集中在如何推動、發展、推廣人間淨土的理念，不僅僅是從理念上宣導，還要從生活中表現出來；讓大家從生活之中體會到人間淨土是什麼。

我們要以具體的行動來實現理念，透過演講、學術會議，一個梯次一個梯次的各種營隊訓練，訓練我們生活觀念的改變以及正確社會價值判斷的重建。在美國，我們也將主動協助全美所有法鼓山的會員來建設自己內心的清淨，同時淨化美國的社會，我們的力量雖然很小，但我們願意以很少的幾盞燈來點亮其他人心中的燈。

有人問我為何對護持佛法、推動人間淨土能如此果斷、如此肯定？以前我曾以香蕉好吃，就把僅有的一根香蕉給學校全班同學分享的故事告訴你們，就是因為嘗過佛法的好處，我才會有所肯定，所以果斷的原因是因為有十成十的信心，肯定佛法對所有的人都很有用，肯定了以後一定會有熱忱將佛法分享給大家。以我現在的年齡，其實早就該退休養老了，但我還是到處奔波，為的是什麼？為的就是弘揚佛法呀！如果我還有一口氣在，我還能講話，我還能做事，我一定在佛法的路上一直走下去，一直走下去……。

問答討論

問：師父在新州一所高中演講時說，在與家屬相處時不能專講平等，要講倫理，但倫理的道德標準，因時因地而有不同，同樣在二十世紀的美國和二十世紀的臺灣，不同的家庭也會有不同的權利與義務的標準，那是否要以我們所處社會的標準為標準？但這種標準很可能是不合理的，請師父開示。

答：佛法是通人性、通人情的，但也要講合理。合理的意思就是在這個環境需要，在另一個環境也需要；在過去需要，在未來也需要。所謂「放諸四海皆準」，才算合理。但是風俗、人情、人的性格，各有不同，時代環境也會有所變動，在合理的原則下，不是去斤斤計較，而是要以慈悲心來看待當時、當地的人、事、物，能夠通融，人與人之間不要什麼都要公平，其實公平不一定合理。例如，一個人只吃一碗飯，卻能做很多事，另外一個人可以吃三碗飯，但不能做什麼事，難道他就不應該吃三碗飯？這不是不合理了嗎？此時要講人情，視當時的情況來做通融與包容，不能一味地去講合理，為求合理而講公平這是很難的。

美國的社會最愛講公平，如今東方社會也有類似的趨勢，一旦講過了頭，在權利上要求公平，但在應盡的義務上卻不提公平。講倫理是盡責的表現，什麼身分的人就要負起符合自己身分的責任，我們有多大的能力就要盡多大的責任，這就是倫理。

世上不公平的事非常多，我之所以要大家不必僅講平等而當注重倫理，為的是要讓我們自己減少煩惱和痛苦，能包容人、同情人，與人可以和諧相處，這個世界、這個社會就會比較可愛了。

問：人在往生後把器官捐贈出去，是否會影響其往生淨土？

答：一般來講，人若在不情願的情況下要他做什麼事都會讓他覺得痛苦，如果心甘情願去做的話，就是讓他受點折磨和痛苦，也會很安慰、很高興。一個人若發了慈悲心，發了悲願，捐贈器官是絕對不會影響其往生西方淨土的。即使人死了還有點體溫，但知覺通常都沒有了，如果捨不得，那是他意識上的捨不得，而不是他身體上的痛苦；如果知覺還在也沒關係，他已死了，如果他很歡喜把身體器官捐出來，意識上也就沒有什麼捨不得，自然就不會影響往生西方淨土了。

問：只要正信的佛教道場都應該護持，但也有人說應以護持法鼓山為優先，這之間是否有衝突？

答：我們不妨舉個例子來說，譬如許多房子都在失火，但你手上桶裡的水只能救一棟房子，若你想把這桶水分給所有失火的房子，結果所有房子都被燒掉了，沒有一棟房子被你救到，如果你有很多桶水可以救很多棟房子，那當然很好，如果不是這樣的話，還是以智慧來做布施的判斷。也許有人會說，護持法鼓山的人很多了，不要再錦上添花，但法鼓山就是以聚沙成塔的方式，很辛苦一點一滴慢慢在做的，也許就是少了你這一粒沙就無法完成了。若大家都存著認為沒有自己這粒沙也沒有什麼關係的念頭，別說大塔起不成，連小塔也別夢想了。那法鼓山也是永遠建立不起來了，我不能說一定逼你護持法鼓山，我只能說法鼓山值得你來護持，也需要你來護持。

問：有時晚上做夢在造惡業，但白天念頭卻很清楚、很清淨，如果這個夢不是日有所思夜有所夢的話，那這個夢是否在反應我過去的自己？我應該懺悔嗎？

答：以佛法的觀點來講，做夢有很多原因。日有所思夜有所夢，這是心理學的說法，是有可能的。第二種是在潛意識裡，在無量世以來所帶的習性，有時候會從意識裡的夢境方式出現。第三種是我們在平常生活中受到外在因素的影響，一點一滴的印象，似是而非，好像在哪裡發生過，在哪裡曾經見過，所有這些經驗記憶的累積，一直到現在，經過重新組合而以夢境顯現。第四種是鬼神託夢，一種信息，一種預兆感，一種指揮。但是，不管是什麼夢境，夢就是夢，不必太在意，那就沒事，白天仍以清淨念頭，念你的佛號，晚上不論做什麼夢，就不要去管它。

問：我的學佛修行很膚淺，如何能去度別人？

答：我學佛也很膚淺呀！我也是凡夫，我也沒有成佛，甚至中國歷史上有東土小釋迦之稱的天台智者大師，他也說自己是凡夫。太虛大師、虛雲老和尚，就連許多的大師們都以凡夫自居，那還有誰是聖人啊？其實，跟凡夫在一起，一定要有凡夫的心態、心向。你知道一點佛法已經要很感激，我又要拿我少年時代吃香蕉的故事來做比喻了，你不要等種了滿園的香蕉以後才送香蕉給人吃，如果要等自己成佛才來幫助別人，那就太顛倒了！你們到現在已經聽聞佛法，就把聽過的佛法告訴別人，這就是弘法呀！我從小，凡是聽到一些佛法，了解一些佛法，就很歡喜很熱心地告訴別人，我就是這樣一步一步走過來的。

你付出的愈多，體驗的佛法就愈深，千萬不可妄自菲薄。

問：有部分的人總是不明白法鼓山信眾們的讀書會，為何一定要從師父的著作開始，有些人感到受限制，可否請師父解說？

答：師父的書是師父經過幾十年對佛法的吸收、消化之後寫成的，就像蜜蜂採得百花釀成蜜，然後把蜜分享給大家。身為法鼓山的會員都知道法鼓山理念是在「提昇人的品質，建設人間淨土」，我是秉持懂一百句佛法而不能實用，不如僅知一句佛法而能親身去用它的態度，踏踏實實地把佛法融入生活中。

師父的書就是盡量把高深的佛法變成容易懂、容易用的句子，馬上能在生活中幫助自己也幫助別人，像《正信的佛教》目前已印行了兩百多萬冊，《學佛群疑》也是一樣。這些都是非常純樸純正的佛法，如果捨近求遠，捨易懂的而去就難懂的，結果只記得一些佛學名詞卻對自己生活沒有幫助。這就不是釋迦世尊為我們留下佛法的本意，也不是修學佛法，而僅是說食數寶。我們法鼓山的讀書會，其目標是在於幫助大家了解佛法，同時要即知即行，實踐佛法。

（一九九六年十二月二十一日講於新澤西法鼓山新州聯絡處聯誼會，倪善慶居士錄音帶整理，刊於《法鼓》雜誌一〇五、一〇六期）

修行菩薩道利益眾生

諸位悅眾菩薩：所謂「悅眾菩薩」，就是在法鼓山體系內推動、實踐並接引其他人一起推動法鼓山理念的人。了解法鼓山的精神，以及悅眾菩薩應有的形象，對諸位的成長、對佛法的推動，以及社會國家，乃至於世界的人類都有很大的影響。

「同心同願、法鼓傳薪」，所謂「同心」就是大眾一條心；「同願」就是大眾抱有共同的希望，一起發起菩提心，為我們的社會、國家、世界，乃至於所有一切眾生做奉獻的工作。「願」則有大有小，對佛教徒而言，小願僅僅是為了個人的解脫，等而下之則為一己之私的欲望。大的願就是要成佛、親證最高佛道。但是在實現大願之前，應該要有階段性，首先要做的就是實踐完成法鼓山的理念。

法鼓山所推動的理念，是目前社會大眾和人間最需要的。因此我們應該為了共同的理念，手連手、心連心一起努力，彼此一條心，這就是同心同願。

「同心同願」另外一層意思，就是要有遠大的目標和方向，有了方向和目標，便從近處著手、小處著力、腳踏實地往前跨步出去。

自利利人、自覺覺他

為何稱諸位是「悅眾菩薩」呢？「菩薩」的精神是自利利人、自覺而覺他。為自己的苦難、煩惱而修行，達到離苦、除煩惱的目的是自利；而將自己所體驗到的佛法，拿來幫助其他人，就是利他。

而「悅眾」這個名稱，原來是寺院中掌理僧眾職務的一個職稱，又稱為「執事」。執事在僧團中，負責照顧大眾、安排事物，使得大家能夠非常順利、和諧、精進地在團體裡修行辦道，因此被稱為「悅眾」。如果沒有悅眾們的照顧，難免會產生摩擦、困擾。另外，在僧團中會有所謂「凡聖共住」的現象，有些凡夫僧偶爾會犯錯，有時自己不知道，有時自己知道，但不好意思告訴別人。這時，便可以透過「悅眾意」（梵文叫作「摩那埵」〔mānatva〕）的儀式，在每半個月誦戒時，當著大眾懺悔，使得大眾歡喜。

法鼓山用「悅眾」來稱呼幹部菩薩們，是援古今用。悅眾，不但要為其他人服務奉獻，提供自己的時間和心力，接引、影響還未學佛的人接受佛法、修行佛法；使已學佛的人能更安心更精進。同時悅眾自己也要知慚愧，有了錯誤要懺悔。

法鼓山是在做著敲響法鼓、弘揚佛法的工作；因此法鼓山的義工菩薩又稱為「鼓手」，而「悅眾」就是鼓手之中的中堅分子。而法鼓山僧團的法師們更是悅眾，他們自己修行佛法，同時帶動、照顧其他人共同修行佛法，我當然也是悅眾。悅眾並沒有高下之分，凡是修學佛法、弘揚佛法、護持佛法、照顧大眾、實踐並帶動法鼓山理念的人，都是我們的悅眾菩薩。

悅眾菩薩應具備哪些特質呢？他必須是用慈悲的、智慧的、恭敬的心尊重大眾，為大眾奉獻，使所有人得到利益，並生起喜悅的心。所以法鼓山的悅眾菩薩並不是一般所謂的領導人，因為在三寶門中並沒有真正的領導人，連釋迦牟尼佛都說他不領眾，他只是大眾之中的一分子，大眾是由大眾來領導的，不是由哪一個人來領導的。所以悅眾菩薩不是指揮官或司令官。如果自以為身分高人一等，並存有做官的心態，很容易就讓大眾不喜歡，那就不叫悅眾。同時，悅眾菩薩也不是英雄好漢，或豪傑俠士。因為英雄好漢難免耀武揚威、不可一世；豪傑，總覺得自己了不起，希望別人崇拜他。

法鼓山的悅眾菩薩除了讓大家心生歡喜，還要能凝聚大眾一條心，共同來實踐我們的理念，因此他要做的是溝通、協調、關懷、鼓勵的工作。

所以說，悅眾菩薩應該是大德長者、是真的善知識、是苦海中的慈航、偉大的大丈夫。大德長者就是有德之人，不管年紀高低，以德為尊。而善知識就是跟所有的人，都以佛法做朋友、做老師。「君子以義為朋，小人以利為朋」，以義為朋的是真善知識，以利為朋的是真惡知識，彼此之間以道義、以佛法來互助，彼此勸勉、學習，就是互為師友，互為菩薩伴侶，互為善知識。只要具備悅眾的條件、悅眾的身分，你就是一位大德長者，你就是一位真的善知識。

要做苦海的慈航

悅眾菩薩也是苦海的慈航。做為法鼓山的悅眾菩薩，有苦難的地方要去關心、服務、救援。德蕾沙修女（Mother Teresa）說：「能夠在窮人和貧病的人身上體驗到上帝存在的人，是真的與上帝在一起的，因為從那些貧病的人身上可以見到真正的愛，發揮真正的愛。」這種觀念在佛教中也有，只是較少被提起。當我們看到受苦受難的人，不但要去幫助他們，更要從他們身上看到佛菩薩的功德。諸位一定不明白，受苦受難的人已經在苦難之中，如何能看到佛菩薩的功德呢？這可以分兩部分來說：第一，這些人將來都可能成佛；第二，這些人顯現出苦難像而讓我們生起慈悲心，讓我們有救苦救難、修行菩薩道的機會，他們就是菩薩。因此我們要做苦海的慈航，看到有苦難的人、有苦難的地方，就必須馬上去，並且盡力地來協助他們。

在我們這個娑婆世界，處處都是有苦難的人，不僅僅是在醫院裡、街頭上，任何一個地方幾乎都可以看到老苦或病苦，還有自己與自己生氣、生煩惱的苦。最近我遇到一位老人家已經八十多歲，他有幸福的家庭、良好的經濟條件，樣樣都有，而且妻子和女兒經常陪著他。可是他的煩惱一籮筐，他老是認為他的太太看不起他、女兒不孝順，因此，天天跟女兒、太太吵架。我跟他說：「多念佛，不要念太太和兒女。」他說：「我有啦！每天都念了十幾句耶！」可是數落起兒女、太太的不是，卻又不知道多了好幾倍，這真是苦難苦惱。

其實只要不覺得生在幸福中，便時時刻刻都在受苦受難，即使天天享有華服、美食，一樣都在苦惱中，都在苦海之中。我們要用佛法來幫助他們，解決精神上的窮困，因為這比物質上的貧乏更可憐。

入如來室、著如來衣、坐如來座

法鼓山的悅眾菩薩應該要做到如《法華經．法師品》中所說，將所聽到的佛法精義說給其他人聽，也讓其他人可以受益。這樣的人便稱為「法師」。法師是以法為師、以法施人。也就是用佛法來做為自己的老師，同時用佛法來幫助他人。而一位法師應有三個條件——入如來之室，著如來之衣，坐如來之座。也就是說，要進入如來的堂屋，披上如來的衣衫，要坐上如來的座位。也可說就是，以大慈悲心為如來的堂屋，以柔軟忍辱心為如來的衣衫，以諸法的空性為如來的座位，這都是法鼓山悅眾菩薩應該要學習的。

若能以大慈悲心為我們的房間，就會以諸佛如來的心量為心量，就能夠包容人、原諒人、體諒人，還能夠成就人。身為法鼓山悅眾菩薩一定要有慈悲心，缺乏慈悲心，便是個很自私、心量狹小的人，這就不是「入如來之室」。

「著如來之衣」，就是要學習佛的忍辱、柔軟，當我們性格剛強，與人起衝突，跟自己過不去時，要提醒自己，這時已經不是穿著如來的衣，而是披著魔鬼的外衣了；當缺乏耐心，不接受磨難、折磨、挫折時，也已經離開如來的衣了。如來的衣是「刀槍」不入，任何苦難，都無法傷害你的身，因為你的心已柔軟如棉，柔軟如水，如何能傷得了你，亦即「柔能克剛」。當他人對你打擊、侮辱、批評、毀謗，或是遇到任何挫折，都能以歡喜心來面對它、接受它、處理它、放下它，面對一次次的挫折，任憑七倒八起、八倒九起、九倒十起……，即便是倒了九百九十九次，都要再站起來！這就是著如來的衣。

所謂「坐如來之座」，並不是要我們真正地坐到蓮花瓣上，而是以「空」為座，體驗世間所有相都是如幻如化，有即是空，空即是有；「有」不是實有，「空」不是真空，不是虛空，而是經常在變化的空。事實上，只要不起是非人我之見、不執著，徹底去除自我中心，那就是空，就是得解脫。因此如果心中與空相應，就是坐著如來的座位。法鼓山悅眾菩薩一定要學習著，要有大慈悲心，要有柔軟忍辱的工夫，而且要體驗到自我就是煩惱，自我中心、自私自利是種痛苦，當痛苦時，就趕快把痛苦看成空，痛苦自然會減少。當有慈悲心的時候，別人怎麼對你，你都能夠接受，既能忍苦也能夠忍樂，亦能忍受失敗；如此一來，成功時，也不會得意忘形，因為看到一切諸法是空的。

法鼓山的共識中，我們的精神是「奉獻我們自己，成就社會大眾」。就是要以奉獻的心態為大眾服務，並且不存分別心，對任何人都是平等的。法鼓山的悅眾在奉獻時，一定是以恭敬心，並且應該把所有的一切大眾，乃至於所有的眾生當成未來諸佛、現在的菩薩，為他們做任何的功德布施時，都是以恭敬的心、感謝的心、不求回報的心，為他們做誠懇親切的奉獻。

以奉獻的精神成就他人

奉獻並不等於是犧牲，很多人把犧牲跟奉獻當成是同一回事，其實不然。奉獻是把自己所擁有的一切，貢獻給最值得我們尊敬的對象；雖然奉獻了，卻不但不會損失，反而在奉獻中自我成長，收穫更多、進步更快。這就是〈四眾佛子共勉語〉中「利人便是利己」的道理。

可是犧牲就不一樣了，犧牲只能一次，例如用身體來犧牲，犧牲後就沒有了，一粒麥子種在土底下，生出更多的麥子後，自己卻沒有了，這如同犧牲了上一代來成長下一代。乍聽之下滿令人感動的，很多人也覺得這是非常地偉大，就如同有人說父母是為兒女犧牲，男女為愛情犧牲等，其實這是非常悲觀的。

以佛法的觀點而言，每一個人心中都有一盞智慧、慈悲的無盡燈，我們可以把這一盞無盡燈奉獻給大眾，讓大眾都來點亮他們自己心中的那一盞燈。這是《維摩經》中所說的，也就是佛心。把你的智慧、慈悲，以及所有的一切奉獻給他人，讓別人得到安慰與想要的，但自己並沒有損失，這是奉獻，而不是犧牲。犧牲是毀滅自己而利益他人，奉獻卻是永遠地成長自己又成就他人。一位沒有慈悲心，不與其他人分享自己所擁有的，不願意奉獻的人，是沒有福報的人。

能夠奉獻，就能夠成就大眾。佛陀告訴我們，要成佛應該要先修學佛法，要先學習著如何斷煩惱。而斷煩惱最好的方法就是學習菩薩的精神，就是「利益眾生、廣結人緣」。而做菩薩先要發大菩提心，而初發心是最可貴的，所謂

「登高必自卑，行遠必自邇」，行遠登高都是從腳下的第一步開始，如果腳下第一步不跨出去，一味好高騖遠，則永遠只是望梅止渴，不切實際，止不了渴，因此一定先有初發心，然後腳踏實地地照著去做。

我們要時時刻刻提起自己的初發心，在修學佛法的道路上，如果覺得疲倦，有一點退心時，就要再提起初發心。初發心就是成就佛道、成就大菩提道的大願心。其實也就是大家都已經很熟悉的〈四弘誓願〉中的「眾生無邊誓願度」，最終的目標則是「佛道無上誓願成」，而次序應該是要成佛必須先學佛法，學佛法先用來斷煩惱，要斷煩惱先要發願度眾生；因此〈四弘誓願〉的第一句是「眾生無邊誓願度」，其次是「煩惱無盡誓願斷」、「法門無量誓願學」，最後才是「佛道無上誓願成」。所以說，菩薩是自己未度先利人，這就是菩薩的初發心。

永懷成就眾生的弘願

我們悅眾菩薩就必須要具備這樣的精神。有很多人跟我講：「師父啊！我還小，我懂得太少了，我沒有力量，度眾生的事，師父你去度啦！我沒有辦法，我什麼也不會！」

請問諸位：會不會念「阿彌陀佛」？只要會念就可以度眾，如果連阿彌陀佛都不會念，也能用一顆隨喜的心，但願眾生都能學佛修行，都能得利益，這也是度眾生的一種方法。

過去的無量諸佛，都是先發願度眾生，並且到苦難中救濟眾生，做眾生的慈航，成就一切有緣的眾生，最後才成佛的。例如阿彌陀佛發了四十八願，釋迦牟尼佛過去生中因地也是發了〈四弘誓願〉，到了最後一生，看到眾生有生老病死苦，為了眾生能夠離開苦才去修行，當他找到離苦的方法和觀念後，便依此開始修行，然後成佛。釋迦牟尼佛告訴我們，他之所以成佛並不是僅僅在這一生中的人間修行就成佛了，而是在過去無量劫中發願度眾生，修行菩薩道，利益眾生，廣結人緣，經過無量生的修行到最後才成佛。因此初發心是為了度眾生，最後成佛也是為了度眾生，所以說度眾生是最可貴的。

諸位悅眾菩薩們有人會認為，度眾生是師父的事，與我無關。其實，各位都已經度了許多眾生。就如在座諸位菩薩都不是我到你們家中一位一位度來的，你們各有不同的因緣來親近三寶，親近法鼓山，成為法鼓山的悅眾，每個人都各有因緣、各有其他菩薩把你們度來的。所以不要說自己不會度眾生，你們任何一個人都能夠度眾生。諸位一定要有信心。

有人說我們這個世界上，非常糟糕，已經沒有希望；又認為：「如今人心險惡，自私自利，害人又害自己。」但是我總認為：「畢竟壞人還是少，好人還是比較多。」而且就是因為世界上有一些自私自利、貪得無厭、損人不利己的人，所以更需要佛法。

釋迦牟尼佛告訴我們，這個世界叫作「五濁惡世」，所謂五濁惡世就是有不少犯罪的惡人，即使不是惡人，心中都會多多少少有不好的念頭，有不少的煩惱心。

我們既然知道眾生愚昧、沒有智慧，就更需要用佛的智慧和佛的慈悲，為這黑暗的人間帶來一些希望，送一些溫暖。眾生是永遠度不盡的，但是成就眾生的弘願是永遠需要的。在我們這個地球還沒有毀壞以前，只要還有人存在，就永遠需要佛法。而且正因為有人需要佛法，菩薩才有工作可做，所以我們在這個世界上永遠不要失望，永遠要發願，不但是今生做悅眾菩薩，來生還要做悅眾菩薩。而且更進一步要感謝大眾讓我們有做悅眾菩薩的因緣，就這樣，眾生一個一個地離開火宅、離開苦海，但是這一批離開了，下一批又來。

諸位菩薩都是被佛法超度了的人，你們被度了以後，還會有另外一批人來，由你們來超度他們，你們超度了他們，其他另外一批人又會再來了。在這個過程之中，悅眾菩薩將是受益最多、成長最快。所以我鼓勵法鼓山的悅眾菩薩要發悲願心，要珍惜、利用每一個因緣，以感恩慈悲的心對待每一個因緣之中所接觸到的眾生，用佛法的智慧、慈悲，為他們祝福、奉獻，使他們得到利益，我們因而成長，所以說：「利人便是利己。」

保持清新、純樸、真誠的形象

做為法鼓山悅眾菩薩應有的形象是什麼？是清新的、純樸的、真誠的、安詳的、友善的、清淨的，是深入世間而不受世俗的陋習同化，是關懷社會而能夠不受社會的混濁局面影響，這就是我們的形象。

法鼓山是積極入世、積極參與世間的，但跟世間一般的人是不一樣的；是入世而化世的，是淨化自己、淨化人心、淨化社會的。法鼓山要在人與人之間淨化人心，要在社會之中為大眾做奉獻，如此才能影響別人，這就是法鼓山的形象。

而具體的行動是什麼？我舉出六點與大眾勉勵：

（一）不說粗俗、低俗、流俗的話，用尊敬、勸勉、安慰、讚歎讚美的語言。粗俗語就是用三字經罵人，有的人不一定是惡意的，但是出口就成髒，出口就是粗惡語。低俗語是下層社會通用的一種語言，一聽就是市井之民所講的話，而不是受過教養的人用的語言。流俗語就是流行的俗語，每隔一段時間就有一些流俗的、時興時風，大家都喜歡用這種語言，這種語言大家聽得懂，也都喜歡說，說了好像也滿時髦的，但是不是我們悅眾菩薩們應該用的。法鼓山是在做著淨化人心、淨化社會的事，我們要提昇人品，如果用的是低俗語、流俗的語言，人品就不能提昇了；所以，我們要用尊敬語、勸慰語、讚美語。

（二）服裝儀容要整齊大方，隨時保持整潔，見到任何人要面帶微笑。如果有人家對你說三字經，不要生氣、不要回罵，應該帶著微笑，對他合掌行禮，然後離開，不讓他繼續罵下去。而當有人罵你時，如果他罵得對，要說：「阿彌陀佛！對不起！」如果罵得不對，更應該說：「對不起。」所以不管對內對外，要經常說：「某某師兄（師姊），謝謝你。」「阿彌陀佛！對不起！」或是：「某某菩薩，阿彌陀佛！對不起。」

（三）避免爭吵、不說是非、遠離賭博、戒菸、戒酒、戒檳榔。諸位菩薩之中，如果習慣抽菸、喝酒、嚼檳榔，當了悅眾菩薩以後，就應該要漸漸改掉。而我們要提昇人品，一定要遠離賭博、避免爭吵、不說是非，凡是有爭議的場所，爭議的人物、事件，盡量要迴避，要幫助他們，但自己不要被牽扯進去，這是非常重要的。

（四）不捲入政治恩怨的漩渦、男女曖昧的關係，以及錢財糾紛的是非。這三點請諸位務必遵守。做為一位佛教徒不應該捲入政治恩怨，但是可以參與政治的活動。所以，我會鼓勵法鼓山所有的菩薩們要熱烈投票，盡國民應盡的義務和責任，用智慧判斷，投票給與我們理念相應的人。

（五）常用二十句〈四眾佛子共勉語〉，做為我們自利利人的基本準則。這二十句希望大家都能熟記，隨時應用在日常生活中。

（六）隨時隨地做好「四環」：心靈環保、禮儀環保、生活環保、自然環保。

此外，悅眾菩薩要以佛的圓滿人格，來自我期許，也就是要發願成佛，並且常常以初發心的嬰兒菩薩自我看待。嬰兒期的小菩薩不容易站起來，即使想要站起來，很容易就跌倒了，但是久而久之起來的時間就會愈來愈多，跌倒的時間愈來愈少。

嬰兒菩薩犯了錯怎麼辦？要知慚愧、常懺悔，如同前面所說，菩薩的精神就是七倒八起、八倒九起，這是做為一個悅眾菩薩應該要學習的。

在座的諸位大多數是悅眾菩薩，有一些人還不是，我奉勸所有的菩薩們，都發願做悅眾菩薩，做了悅眾菩薩才能夠成長得快，才能夠得到更多的利益，體驗到更深的佛法。而且做了悅眾菩薩後，不但自己得到利益，家人和與你接觸的人也能得到更多的利益。所以希望諸位都來做悅眾菩薩，也邀請更多的人來做悅眾菩薩。

（一九九七年九月十九日講於臺北國父紀念館「一九九七年法鼓山年度盛會——同心同願，法鼓傳薪」，刊於《法鼓》雜誌一〇一、一〇二期）

傳薪、信心、願心

一、薪火相傳的大任務

感恩我有一個惡劣的命運

我是個非常平凡也很渺小的人，但是我出生的時代和環境非常偉大、非常卓越——天災的水澇荒旱、人禍的連年戰爭，使我在剛剛學會說話時，就見到了生命的無常和環境的脆弱，除了仰仗冥冥之中的神鬼保佑，沒有任何安全的保障。

我的出生地在一九三一年的長江大水患時被沖入了江中，全家一貧如洗地舉族遷往江南，又親眼見到另一次大水患，我家雖然倖存，但距家不遠的許多村莊卻於一夕之間變成汪洋澤國，遍處浮屍。水患之後，不是瘟疫，便是荒旱，要想活命太不容易。一九三七年日本軍閥侵略中國，關東軍凶猛如虎；一九四五年日本投降，接著便是國共戰爭，纏鬥到一九四九年結束，之後我就來到了讓我學習、奉獻和感恩的臺灣。

所謂生靈塗炭、水深火熱、屍橫遍野、流離失所等的形容詞，我不是從書本上看到的，而是親身經歷過來的。雖然在童年到少年時代，由於少不更事，所謂「初生之犢不畏虎」，當時並不覺得有什麼可怕，但到我十四歲那年上山出家之後，就發現了人生無奈和生命虛幻的事實。對於經歷過的那些景象，迄今記憶猶新，彷彿就是昨天才發生的事，如果我不是學了佛，或許會有許多的心理不平衡。

正因為我出生在那樣的時空背景下，讓我體驗到生命的可貴，也深切感受到人與人之間互相幫助、互相愛惜、互相憐憫、互相尊敬、互相學習、互相原諒的重要。所以我對於所經歷的災難，不敢怨天尤人，反而心存感恩，感恩由於命運惡劣，使我成熟得早、成長得快，能勇於面對苦難，苦難便成了我生命中的營養。

我的信心和願心

現在，請讓我介紹我的信心和願心是怎麼形成的？大約有兩個階段：

在我童年及少年時代，民間信仰的環境中，除了祖先、灶君、土地公、城隍爺等祭祀及廟會，為了驅病禳災，才會找道士作法，超度亡靈、請僧尼誦經，並沒有特定的信仰，也分不清道教和佛教有什麼不同。直到我出家之後，在一位教我課誦的老師的啟發下，我才知道，原來佛說的經典和中國的四書五經相似，是給人照著去用的，不是念給鬼聽的，是為解救人間的一切苦惱而說出的，不是專為超度亡靈才要誦經。因此，我便非常感動地對自己說：「佛法這樣地好，知道的人這樣地少，誤解的人這樣地多。」我就發願：「要盡量地學習，將我知道的佛法分享給他人。」這是我少年時代所建立的信心和願心，爾後我也一直在這條路上走了過來。

當年歲漸長，見聞漸增，我發覺中國佛教界的沉痾極深，寺院及僧侶雖多，卻很少舉辦弘法修持的活動，若不是靠香火遊客及經懺應酬維生，便是靠耕種勞作及收租糧糊口。縱然有少數從佛學院畢業的僧界領袖，對於百廢待舉的法門工作，也多半是有心無力，搔不到癢處，甚至也隨波逐流得過且過。僧尼世俗化、法門鬼神化、信眾庸俗化的情況非常嚴重，少數知識分子的佛教徒，則自鳴清高，將佛法當作學問研究，成了學術化的佛法，做的都不是普及民間、淨化人心、淨化社會的工作，以致於佛教給人的印象只有兩種：不是迷信，便是消極；也被誤認只有兩種人信仰佛教：不是市井的庸夫愚婦，便是各類失意喪志的人。

這情況使我非常憤慨，因此寫了好多篇文章在佛教刊物發表，呼籲教內的僧俗大德們，共同來搶救佛教每況愈下的衰運。結果這麼做反而讓我得罪了所有的師友，最後不得不教我向師長道友們一一懺悔。不過卻也因此讓我建立了另一階段的信心和願心，我又對自己說：「急需要做、正要人做的事，我來吧！」這樣的願心，促使我入山閉關、赴日留學、遊化歐美，在臺灣奉獻而促成了法鼓山的團體，推動三大教育、四種環保，直到今天，雖已老病相侵，都還沒灰心、退心，可以說都是「我來吧！」的這股願心，在強有力地支撐著我。

今天，在座的諸位悅眾菩薩，都是由於認同法鼓山的理念而來聚集一堂，所謂「法鼓傳薪」，便是傳承、傳播、分享法鼓山的理念、精神以及工作的方向和方法，它的基礎就是從我以上所介紹的兩個階段的信心和願心為開端，所以我在此也要懇求諸位悅眾菩薩，不用對我個人感恩什麼，但請把我的信心和願心，當作你們自己的信心和願心，擔負起淨化人心、淨化社會的大任務。也請大家立下弘願說：「急需要做、正要人做的事，我來吧！」

二、人生佛教與人間佛教

接下來要向諸位介紹三個名詞：「人生佛教」、「人間佛教」、「人間淨土」，先說前面兩個：

「人生佛教」這個名詞，是由近代的太虛大師提倡「佛教的人生觀」而來。因為晚近數百年間的中國佛教，總離不開「死了往何處去」的主題，一般人害怕死後不能生天，會下地獄受苦，所以在生時要營福積善，修來生福報，或在死後延僧做佛事，希望能超度轉生於富貴人家，或者祈求西方三聖於臨命終時接引往生極樂世界；禪宗也說：「臘月三十日著得力。作得主。」似乎也是為了死亡的準備而修行。因此有人譏諷說：「佛教只談人死觀，哪配談人生觀。」太虛大師於是參考西藏宗喀巴大師所說的上士道、中士道、下士道，而提出人生道德是佛法諸乘的共法，十善業道是五乘共學，所以主張「仰止唯佛陀，完成在人格，人成佛即成，是名真現實」，這也就是即人生而成佛的人生佛教。

到了太虛大師的學生，我的先師東初老人，於一九四九年來臺灣之後，創辦《人生》雜誌，闡揚人生佛教，發表〈人生佛教〉及〈人生佛教根本的原理〉、〈人生佛教的本質〉等文章，並且引用太虛大師的相關言論：「適應現實的人生故，當以求人類生存發達為中心而施設契時機之佛學。……適應現代人生之組織的群眾化故，當以大悲大智並為群眾之大乘法為中心，而施設契時機之佛學。……適應重徵驗、重秩序、重證據之現代科學化故，當以圓漸的大乘法為中心，而施設契時機之佛學。」指出現代佛教，必須是合乎人生的、群體的、科學的，因此東初老人說：「改變人生各自競爭，互相殘殺以求生存的思想，養成人生互助合作，共存共榮的美德。……故佛教的生命，乃在貫徹人生本有德能生命的實現。」並且大膽地說：「忽視人生佛教建設，要在離開人生社會以外，另建樹莊嚴的淨土，實是偏頗的想像。」由其文義推斷，「人生佛教」其實就是「人間佛教」。

「人間佛教」這個名詞，原依據《增一阿含經》所說的：「諸佛世尊皆出人間，非由天而得也。」事實上釋迦牟尼世尊是在人間成佛，在人間說法，也是針對人間的疾苦而說出離苦得樂的方法和道理。佛的弟子主要是人，也由人間的四眾弟子傳持佛法，佛法的基本道理是教我們如何做人並盡人的責任，也只有人間身是修行的工具，又稱為道器。所以，太虛大師及東初老人所說的「人生佛教」，即是適應人間身的佛教，不過是為了配合以人為本位的人生觀這個哲學名詞，便將人間佛教稱為人生佛教。

首先提出「人間佛教」這個名詞的是《海潮音》月刊一九三四年中的「人間佛教」專號，後來慈航法師發行《人間佛教》月刊，浙江縉雲縣也曾出過《人間佛教》刊物，法舫法師也在錫蘭（今名斯里蘭卡）講了「人間佛教」的專題。集大成的是印順長老，在他所寫《佛在人間》一書中，有三篇文章，闡述人間佛教，相當精闢，分別是：〈人間佛教緒言〉、〈從依機設教來說明人間佛教〉、〈人間佛教要略〉。說明人間佛教，既要契理，又重契機。所謂契理，是要契合佛陀所說究竟了義的教理，所謂契機，是著重現代人間需要的正行。也就是我們所說正知、正見、正信、正行的佛教，既不偏離苦、空、無常、無我、因果、因緣的原則，也要適應現代社會的人間所需。

印順長老繼承了太虛大師所說人生佛教的真義，而發揚人間的佛教。因為佛教傳到中國，受了「人死為鬼」觀念的影響，脫離了佛法原本以人為中心的方向，偏重於為死亡的準備及對鬼的信仰。印度的後期大乘佛教，也非以人為本，偏重以天神為中心的信仰，一者是鬼化，一者是神化，都不是正確的佛法，所以要用「人間」二字來對治這兩種偏差現象。印順長老到了一九八九年又出版一本《契理契機之人間佛教》，就是為了貫徹太虛大師所說「施設契時機之佛學」，乃由人生佛教的加強，成為人間佛教的弘揚者。

印老和太虛的思想雖然一脈相承，但有其不同處，太虛大師的思想依據是中國的如來藏系，在印度則屬於後期大乘佛教，缺少經說的人生佛教依據，不易為一般信眾所接受；印老則在讀到根本佛法的《阿含經》及各部廣律，發現「有現實人間的親切感、真實感」，所以他「深信佛法是佛在人間，以人類為本的佛法」。可知印順長老的人間佛教雖脫胎於太虛大師的人生佛教，依據的聖典則非常明確，不僅契合現代人的時機，也契合佛陀教說的真義。

三、人間淨土

人間淨土的淵源

「人間淨土」這個名詞在佛經中沒有出現過，但也確實有其依據，我們在

《太虛大師全書》的目錄第四頁，可以見到太虛大師親筆所寫兩句話：「實行大乘佛法，建設人間淨土。」他也曾在《海潮音》月刊十二卷一期發表〈建設人間淨土論〉，他知道佛教諸經所說的淨土，都是理想中的樂土，不是現實世界的環境，但他主張：「既人人有此心力，即人人皆有創造淨土的本能，人人能發起造成此土為淨土之勝願，努力去作，即由此人間可造成淨土。固毋須離開此齷齪之社會，而另求一清淨之社會也。」又說：「不必於人間之外另求淨土，故名為人間淨土。」此是東初老人以人生社會之外的淨土為偏頗之說的依據。不過太虛大師並未列舉經說依據，只說：「依佛十善等法而行，與三乘賢聖僧為友，即為造成人間淨土之因緣也。」十善是人天行，也是五乘共法及三乘共法的基礎，修得好的可成三乘聖者，其次也可成為人中的賢者。若能人人皆有修行十善法的心力及願力，這個環境便成為人間淨土。

問題是，我們的現實世界，哪有可能人人都有此心和此行呢？因此太虛大師便渴望中國政府能捨出一塊土地如同普陀山那樣的島嶼，做為無稅的佛教專區，聚集僧俗四眾約五百至一千人，或有更大的面積，耕作的農產品可供數萬人的衣食，做為人間淨土的模範區。可惜這種理想，很難實現，縱然真有一塊無稅的佛教專區，住進了五百、一千乃至數萬人時，難道就真的會變成淨土嗎？因此，印順長老並未採取這樣的人間淨土，而是提倡人間佛教。

淨土可有四類，我在《念佛生淨土》這本書中，例舉出四種淨土：人間淨土、天國淨土、佛國淨土、自心淨土。

佛經中所見的「人間淨土」有兩種，一是《彌勒下生經》所說，彌勒佛下生人間時，於龍華樹下，三會說法，度無量眾生，那便成為人間淨土。二是《起世因本經》所說，在此世界的須彌山以北，稱為鬱單越洲，那兒的人沒有各種憂病苦惱，太虛大師也說那是人間的淨土。但這兩種都不在我們現實的世界。

佛經中的「天國淨土」，也有兩種：一是《彌勒上生經》所說，當來下生的彌勒佛，現住此娑婆世界欲界兜率天的內院，正在說法度眾生，凡生於兜率內院的眾生，都是諸善知識，那是天界的佛國淨土。二是《長阿含經》卷二十等諸經論中，均說聲聞聖者至第三果，稱為阿那含，意為不還果，身死之後，生於五不還天，亦名為五淨居天，因其不再回欲界受生，故名不還，但仍暫住於色界第四禪天。第四禪天分兩類，一是凡夫外道所住禪定天，一是三果聖人所住淨居天；色界第四禪天共有八等，包括無雲、福生、廣果的三天，為凡夫外道所居，無煩、無熱、善現、善見、色究竟等五天為三果聖人所居，稱為五淨居天，既然是聖人所居，必是淨土。

「佛國淨土」也有兩類：一是他方世界的佛國淨土，例如《阿彌陀經》有六方諸佛的淨土，其他大乘經中有十方諸佛的淨土，例如東方藥師佛的琉璃光淨土、上方香積佛淨土、西方阿彌陀佛淨土，都是大家所熟聞熟知的；二是《法華經．壽量品》所說的「常在靈鷲山」、「我此土安隱」的靈山淨土，就是在我們這個世界。

「唯心淨土」，主要是出於《法華經》的〈方便品〉所說：「一稱南無佛，皆已成佛道。」只要有一念心稱念「南無佛」便與佛道相同，豈非在此一念即住淨土，因此天台宗有一念三千之說，即此現前的任何一個妄念，也與法界諸佛相同。又有《華嚴經．梵行品》說：「初發心時，便成正覺。」只要一念發起菩提心時，雖是凡夫，已入佛位，故在《維摩詰經》曾說：「隨其心淨則佛土淨。」而此唯心淨土的源頭，乃出於《雜阿含經》卷十，一連三次說到：「心淨故眾生淨。」眾生既淨，當然國土亦淨。

法鼓山的「人間淨土」

（一）歷史的背景：

是太虛大師、東初、印順三位大師的人生佛教、人間佛教、人間淨土的延伸，前輩大師們或無明確的經證，或有經證，都難免有點偏重或偏輕。太虛大師及東初老人重在契合現代社會的時機，雖有人格標準的十善為依據，但缺乏具體的經證，尤其印度的後期大乘及中國以如來藏系思想為主流的佛教，比較偏重理想層面。印順長老則主張在契理及契機的前提下，提倡人間佛教，但是重於《阿含經》經據，對於中國大乘佛教未免有些微言大義。我們法鼓山所提倡的人間淨土，是承接這三位大師的創見，同時也發揚漢傳大乘佛教的優點，希望能承先啟後，而適應各種人及時空的。

（二）經教的依據：

除了前輩三位大師所引用的教法是證據之外，尚有不少的佛經祖語可為佐證。

1.《維摩詰經．佛國品》有言：「依佛智慧，則能見此佛土清淨。」「不依佛慧，故見此土為不淨耳。」「若人心淨，便見此土功德莊嚴。」以此可見，有了佛的智慧，便可見到此土就是清淨的佛土；如果人的心中清淨，便可見到此土即是功德莊嚴的佛土。

2.一切大乘經中，都要我們發起無上菩提之心，即是大悲心，乃是為了以佛法普遍救度眾生。例如《大品般若經》中常常說到：成熟有情（眾生），莊嚴（佛的）國土。可見若能發起大悲願心，便可體會到此土即是諸佛普度眾生的淨土。

3.禪宗的六祖慧能禪師曾說：「佛法在世間，不離世間覺。」宋初永明延壽禪師的《宗鏡錄》也常常說到：「一念相應一念佛。」「念念相應念念成佛。」

可知佛法是心法，所謂境由心生，相從心起，如果能夠以修行的方法，練習著心不隨境轉，而使得境隨心轉，也就是不要人云亦云地隨著世俗人的觀念去思考，不用治絲益棼的方法處理問題，而學著用佛所說的觀念和方法來面對人間的一切現象，就會豁然開朗，不再搬石頭砸自己的腳，不再被一切的境界困擾，不再自害害人，而能過得健康快樂，那豈不就是生活在人間淨土中了嗎？

五乘一切教法，都是人間淨土的依據

如果依人天道的標準，修五戒十善及禪定等法門，就能在現生之中，獲得布施積福的快樂，就能獲得安定安全的喜悅，豈不就是人間及天國的淨土現前？

如果修行聲聞道及辟支佛道的解脫法門，依四念處等三十七道品，四諦十二因緣法，得慧、得定證聖果，便能由煩惱的凡夫心而轉為解脫自在的聖者心，豈不即身可以體會到五不還天的清淨心？若心清淨，即見此界便是人間淨土。

大乘的菩薩道是「初發心時，便成正覺」。因為發了菩提心的人，便當練習著「不為自身求安樂，但願眾生得離苦」，此即是法鼓山〈四眾佛子共勉語〉中所說的「利人便是利己」，因為利人的行動才是最踏實的利己的方法，只要發起利益眾生的菩提心時，便能體會經中所說「眾生是菩薩福田」，便能「慈悲沒有敵人，智慧不起煩惱」。便會發覺你所面對的各類眾生，都是用種種面貌和方式來成就我們智慧心和慈悲心的菩薩，當然就像看到佛經中所說的「諸上善人聚會一處」了，我們雖是凡夫，如果練習著體驗「時時心有法喜，念念不離禪悅」，那不就能體會到此娑婆世界即是人間淨土了？

所以太虛大師說：「（戒）律為三乘共基，淨（土）為三乘共庇。」印順長老說：「淨土為大小乘人所共仰共趨的理想界。」我則說：「乃至也是五乘共法。」從法身佛的常寂光淨土、教化聖位菩薩的實報莊嚴土，至方便有餘土及凡聖同居土，首先要建設人間淨土。

往生西方極樂淨土的資糧行就是建設人間淨土

一向以為修行阿彌陀佛的淨土法門，就是為了求得臨命終時，彌陀來迎，手執金台，接引往生。這只說對了一半，臨終關懷及發願往生，的確是彌陀信仰的特勝之處，但就往生西方淨土的條件來說，仍是因人而異，生到淨土的品位也因所修條件的多少而有差別，故有三輩九品的往生果位及因行之說。

例如《觀無量壽佛經》勸修十六種觀行，是禪定法門；也要求具足持戒、修福、發菩提心的三種福業，乃是五乘共法乃至佛乘的必修條件。《阿彌陀經》念佛至一心不亂，也是禪定法門。《無量壽經》說，縱然僅僅十念乃至一念，求願往生，亦得如願。這些也都是建設人間淨土的修行法門，因如前面所說，凡能用佛法的戒、定、慧等的觀念及方法利己利人時，此心便是清淨的，以清淨心看此世界，便會感受到此一現實世界即是人間淨土。乃至一念之心清淨，就於此一念之間見到淨土，一人之心清淨，此一個人便居於淨土之中，若人僅有一念體驗到清淨而願求生淨土，即此一念即與佛的功德相應，命終之際即能往生佛國淨土。

因此，我要奉勸大家，雖然無暇精勤修行五乘佛法全部的道品次第，總是可以常常牢記：「處處觀音菩薩，聲聲阿彌陀佛。」念茲在茲，心繫聖號，也是建設人間淨土的法門，也是在人間自利利他，現生住於人間淨土，死後即生極樂淨土。

若依禪宗的立場來說，心不清淨，便在穢土的五濁惡世，便居三界火宅；心若清淨，便以三界火宅，為清涼淨土。所以《六祖壇經》要說：「迷人念佛求生於彼，悟人自淨其心。」「凡愚不了自性，不識身中淨土。」天台宗的智者大師於《摩訶止觀》也說：西方淨土，我心本具。如此看來，只要能用佛法的觀念和方法轉變我們的想法和作法，心中的淨土顯現，所處的環境也即是人間的淨土了。

四、如何建設人間淨土

建設人間淨土，首要提昇人的品質

以上為大家提供的是建設人間淨土的觀念和方法，那是有佛經和祖語做依據的，而且是整體佛法的觀念和方法，是從釋迦世尊至歷代祖師及現代的大師們，都是這麼說的。但對一般的社會大眾而言，佛經及佛法的專門語彙，可能不太容易被他們了解、認同、接受，我們便提出三大教育的方案來分頭努力：

1. 以大學院教育，造就高層次的專業研究、教學、弘法及專業服務的人才。

現在我們已有中華佛學研究所，今年（二〇〇一）將開辦僧伽大學佛學院，同時也在進行籌辦法鼓大學，這是佛教的命脈所寄，我曾說過：「在今天不辦教育，佛教就沒有明天。」我要懇求大家，支持我們辦大學院教育的計畫，也請諸位提起信心，我們一定是興辦具有急切性、有需要性、有前瞻性的各種大學院教育，而且是以穩健務實的步伐進行，故請不用太過擔心。因為這是大普化教育與大關懷教育的根基和發源點，過去的中國佛教在這方面做得太少，今後則是不做不行了。

2.以大普化教育，普及佛法對社會大眾人心的淨化及風氣習俗的淨化。內容是我們提倡的四種環保，我們運用原有及新建、新增的本山本寺、分院道場、共修處所乃至住家處所，對僧俗四眾、廣大社會的各層面人士，以禪修、念佛、傳菩薩戒、八關齋戒、禮懺、講座、文字、音聲、影像及各種集會、儀典、營隊、教室、課程等的活動之中，以教育達成關懷的目的，以關懷完成教育的任務。我們無論辦什麼活動，均須賦予教育和關懷的兩大功能，目的就是為了以提昇人的品質，來建設人間淨土，因為太虛大師曾說「人成佛即成」。

我們都是這項大普化教育的學生和老師，也要鼓勵大家將這項教育工作，突破族群及區域的時空限制，分享全體人類。

3.以大關懷教育，普遍而平等地關懷人間的社會大眾。從每一個人的出生以至人的死亡以及亡者的家屬，都是我們要關懷的時段和對象，只要有人需要關懷，那就是我們的福田，那就是成就我們修行菩薩道及增長菩提心的著力點，就是讓我們提昇人品及建設淨土的恩人。

這項大關懷教育，既是大學院教育的目的，也是大普化教育的目的。我們要在從事關懷他人的行動之中，感化自己、奉獻自己、成長自己、成熟眾生、莊嚴人間淨土。因為我們相信：「忙人時間最多，勤勞健康最好。布施的人有福，行善的人快樂。」以關懷他人、利益他人來做各種布施功德，是最能使得自己健康快樂的生活方式。所以關懷的工作，對每一個人自己，對社會的大眾，都賦有兩大任務，那就是我們法鼓山的方法：「提倡全面教育，落實整體關懷。」

建設人間淨土的簡易辦法

我們除了提供次第分明的觀念和辦法，例如利用定期的、分層的禪修以及分階的佛學課程之外，也對我們的會員菩薩及社會大眾，提供了幾種很容易懂、很容易學、很容易照著練習的資料，那是將深奧的佛教哲學及繁複的專業名詞，經過消化整理，用現代大眾都能看懂、聽懂、容易認同的語言，簡明扼要地表達出來，能有讓人耳目一新的感觀，所以效果不錯。迄今為止，有如下的幾項：

以〈四眾佛子共勉語〉做為三大教育的基礎。

以「法鼓山的共識」做為三大教育的目標。

以「祝福你平安」，推廣四種環保。

以「心」五四的「啟蒙」運動，實踐四種環保。

以「大好年」運動，落實四種環保。

用三大教育及四種環保，來建設人間淨土

以三大教育為契機契理的施設，以四種環保為契機契理的方便。以心靈環保為主導，來實踐禮儀、生活、自然生態的三種環保。以超然的觀念及健康的方法來淨化心靈、提昇人品、淨化社會，便能達成建設人間淨土的大悲心願。

因此，三大教育是要請諸位菩薩們來共同支持、奉獻和共同參與成長的；四種環保是要請諸位菩薩自己實踐，並且也請諸位菩薩呼籲勸勉全地球的各界

人士，都來推行實踐的。

《地球憲章》的環保運動

環保是二十一世紀全人類的共同課題，任何一個個人、團體、企業、族群、國家，若不重視環保，便會失去生存的空間，所以歐美先進國家的有識之士，已在去年五月於巴黎通過一項文獻，名為《地球憲章》（*The Earth Charter*），預定在本年內交由聯合國大會中通過。因為跟我們法鼓山的四種環保的理念及範圍相當一致，所以，我們也已加入了逐步實踐此項運動的行列。

急需要做、正要人做的事，我來吧！

我們這個團體的任務，是對自己、對社會，要提供啟蒙運動的觀念及方法，不是靠我聖嚴師父一個人，而是由於我們這個團體中的每一位成員，都很優秀，都很有心。我聖嚴是因為修學了佛法，仗佛光明，而有一點智慧和慈悲，也是因為你們諸位的奉獻才有今天對於社會的影響力。你們諸位是我們法鼓山團體的化身，也是諸佛菩薩的化身。故請我們大家，都來發一個大悲願心，請說一句：「急需要做、正要人做的事，我來吧！」

結語：做好四種環保

最後，請大家記住，我們是以三大教育來教育我們如何實踐四種環保，我們是以實踐四種環保來提昇人的品質，建設人間淨土。

1.「心靈環保」是教我們心淨國土淨，以菩薩的福田來看一切眾生，一切眾生都是恩人，以知恩、感恩、報恩的心來生活，人間就是淨土。

2.「禮儀環保」是教我們經常要以恭敬尊重的心，感謝感恩的心和人相待相處；逢人都應以手合掌、微微低頭，時時不忘要說：「阿彌陀佛，對不起！阿彌陀佛，謝謝你！阿彌陀佛，祝福你！」

3.「生活環保」是教我們生活得簡潔樸實，節約能源，不製造垃圾，不汙染環境，隨身攜帶環保餐具包及環保購物袋。

4.「自然生態環保」是教我們珍惜非常有限的地球資源和日益惡化的自然生態。人類不得為了生活的便利和經濟的利益而破壞自然生態及地球資源，不得以任何意識型態的理由來破壞自然生態及自然資源，不得以科技人的好奇心及滿足感而破壞自然生態的平衡及自然環境的穩定。一切人類的行為，均宜為了自然生態的環保而受到規範的約束。凡是屬於地球資源的陸地、海洋、大氣，不論地表的生物及地下的礦物，均應在能夠再生及反覆使用的原則下運用，否則不必等到二十二世紀，人類居住的地球環境，到處已是窮山、惡水、荒土、焦原、毒空氣了！

因此，我們為了以四種環保建設人間淨土，我們必須全體要做四種環保的模範生。唯有經由三大教育、四種環保，人間才會見到淨土。

（二〇〇一年三月二十四及二十五日為法鼓山悅眾講於臺北市國父紀念館）

後代子孫的大希望
——師父給法鼓山菩薩的公開信

四眾菩薩：

大家都已知道，自從一九八九年三月，創設法鼓山這個團體以來，迄今年（二〇〇二）九月，已滿十三年又六個月了。我們是在一無所有的景況中走出來的，如果沒有你們全體菩薩們的參與、護持、奉獻、推動各項工作，我們的「法鼓山」充其量只是一個空洞的名詞。

事實上，今天的法鼓山，不僅是臺北縣金山鄉的一個地名或山名，它已是國內家喻戶曉、朝氣蓬勃的一個佛教團體，也在國際上象徵著人類希望和平安的佛教教育團體。我們以正統、正確、正信的佛法，配合時代社會的脈動，為時代社會提供前瞻性的觀念、教育性的關懷、建設性的方案、實用性的設施；以普遍「提昇人的品質」為我們的使命，以永遠「建設人間淨土」為我們的任務。雖然我們的團體，尚需要改進之處很多，但它在我們國內已受到許多同胞菩薩的歡迎，也受到不少國際有識之士的響應。

十四世達賴喇嘛曾當著數千位聽眾，讚歎並支持我們提倡人間淨土的建設工程。西元二千年以來，我在出席世界宗教暨精神領袖和平高峰會議（UN Millennium World Peace Summit of Religious and Spiritual Leaders）、世界經濟論壇（WEF）、世界宗教領袖理事會（The World Council of Religious Leaders）等國際會議中，不斷地呼籲：人類當以「心靈環保」為主軸，來紓解族群衝突、宗教歧見、貧窮飢餓、環境保護等問題，乃至心靈環保的理念，已將被列入全球性的《地球憲章》。

這些貢獻，如果沒有法鼓山這個團體大眾做後援，以我個人就是再怎麼努力，也是使不上力的，所以我要感恩法鼓山的你們諸位菩薩。不過，我們的團體還是很小，我們雖有許多法寶，可惜，知道使用的人還是很少，協助我們共同推廣法鼓山教育理念的人才，也還沒有大批地培養出來。

例如，我每到一處去做弘化關懷，便有許多人殷切地期待我能多去幾趟，或者要求我派幾位出家弟子去帶領他們。無可奈何的是，不僅我自己的時間及體力，分身乏術，就是我的出家弟子，也沒有適當的環境，做體制化的培養，若干優秀的人才，是靠各自的善根和努力而成，所以也沒有足夠的人力可資外派。直到去年（二〇〇一）秋季，法鼓山有幾棟硬體建築物可以使用了，立即創設僧伽大學，今後法鼓山的出家弟子，便可望在按部就班的教育制度下，逐年成長了。

另外我要向菩薩們報告的是，已有二十多年歷史的中華佛學研究所，以及和它相關的資訊圖書館、中華電子佛典協會、數位圖書資料中心、漢藏佛教文化交流研究班等，看來似乎沒有直接參與法鼓山的各項工作，其實它是我們法鼓山的大搖籃。我們造就的人才，已在國內外為法鼓山的形象聲望努力拓荒，它對漢傳佛教文化事業和學術的貢獻，已將法鼓山的理念，在國際間高舉起來，它已成為漢傳佛教受世人尊重的標竿和希望。也可以說，它是法鼓山三門上的一顆夜明珠。我們如果沒有中華佛學研究所，僧伽大學的素質就不可能好得起來，法鼓山也不可能在國際間與一流的大學及一流的學者們建立關係，法鼓山最多是一個宗教團體，跟國際教育與學術的領域，便沾不上邊了。

我們的募款收入，卻遠遠地追不上預算的需求

由此可見，我們必須做好「大普化」教育及「大關懷」教育，我們也必須辦好「大學院」教育，這三大教育是環環相扣的、缺一不可的。辦教育，要以硬體建設的完備，配合軟體人才的培養，樣樣都需要經費來支持。感恩菩薩們的奉獻，法鼓山第一階段的硬體建設，預定到明年（二〇〇三）就可以完成了，接著是第二階段的法鼓大學，很快就要動工興建，我們的募款收入，卻遠遠地追不上預算的需求。如不加勁設法籌措，我們的教育工作，必有大困難了！

給全人類的後代子孫一個大希望

因此，我不得不向諸位菩薩呼籲：除了繼續推動勸募人數及勸募金額的成長之外，也懇請大家自己發願來捐做榮譽董事。同時，代我勸請與你們相識或不相識的仁人善士們，來捐做榮譽董事，讓我們辦好已在進行中的各項教育工作，也助我們把法鼓大學創建起來。這不僅是對國內社會做的大功德，也是給全人類的後代子孫一個大希望！立基於法鼓山的理念，因應新世紀的實際需要，在你們諸位菩薩的祝福及督策下，我們一定會把大學院教育辦得更好。

給各人自己一個機會

諸位菩薩們！我已經是七十三歲的老和尚了，為我自己，一無所求，為了利益眾生，我要懇求大家，給各人自己一個機會，自己發願，有大功德；勸人發願，雙重功德。布施錢財，猶如從井中取水，明裡布施了，暗裡會回來；布施得愈多，回流得愈快。如果擁有財富而沒有用之於布施，再多也並不屬於自己的；所謂「千萬家財帶不走，唯有善惡業隨身」。如果雖不富有，卻能隨分隨力，自己發願布施，也勸他人布施，便是廣結善緣、便是有大福德的人了；所以在我們的共勉語中，有兩句自勉勉人的話：「布施的人有福，行善的人快樂。」

（二〇〇二年七月二日刊於《法鼓》雜誌一五二期）

一師一門，同心同願

一、教育與關懷

法鼓山舉辦任何活動或推行任何運動，必定具備兩種功能及作用：「關懷」和「教育」，讓所有的人得到成長就是關懷，即所謂的「做中學」，一邊辦活動參與活動，一邊學習成長。原來不知道怎麼做，經過活動的過程，三個臭皮匠勝過一個諸葛亮，大家發揮腦力激盪，團體的力量和群體的功能整合出來，大家得到成長，活動也辦得很圓滿。譬如昨天下午舉行召集人會議，討論著北美地區準備發行一份屬於本土的刊物，但是名稱未定。大家紛紛提出意見，你一言，我一語，「北美法鼓之音」、「法鼓法音」……。最後我裁定既然是法鼓山菩薩在北美敲法鼓，就叫「北美法鼓」吧！這就是辦活動在討論問題時，大家集中腦力激盪，個人與團體同時成長，深入運用法鼓山的理念與方法，所辦的活動必然很成功、有意義。

有菩薩報告說，往往當我們精心籌辦了一個新的活動時，就有別的團體跟著學，這是善行好事，不必覺得不高興，這表示我們的活動好，受到大家的贊同和響應。譬如我們最早提倡「不燒紙錢，少燒香」，一開始時有人反對，但漸漸發現這是個極具環保意識的活動，因此也跟著實行。還有「放生」，最初放生的行為是好的，但由於臺灣的自然環境在改變，放生漸漸浮濫，反而變成殺生，因此我們立刻提出「護生運動」，保護及保育稀珍野生動物和一般野生動物。法鼓山於是與動物園合作，建了十多個籠子，專門收養受傷的鳥獸，等他們復原了再放回山林。所以漸漸地放生的風氣也在改善中，活動是本著環保的精神，在籌辦活動時，一定能扣緊心靈環保，依照禪修的精神、方法和理念來處理事。

另外，例如舉辦郊遊活動，我們辦的是富有禪修精神的「動中禪」。還有辦跳蚤市場義賣會，我們是融入四種環保的精神在每一環節中，印製小冊子、文宣、貼標語、插圖，是使來賓一進入會場，就感受到不同的氣氛，在輕鬆中接受到佛法的熏陶，無形中進行心靈環保的教育。各位聽了我的面授機宜，回去一定可以好好地辦活動了。但千萬要記住，任何活動必定要有教育的功能和關懷的目的，這兩項要點必須緊緊相扣，配合「心靈環保」，加上「心五四運動」，這樣的活動絕對是有意義而與眾不同的。

二、一師一門

目前我們正在提倡「一師一門，同心同願」，何謂一師、一門、同心、同願呢？「一師」是本師釋迦牟尼佛，我們弘揚的是佛陀的本懷，正信的佛法，而不是迷信的外道法。迷信的產生是有些中國人摻雜了固有的風俗習慣、民間信仰，而對佛教的誤解。我們是破除迷信，提倡正信的佛教團體。

「一門」是禪門，中國佛教的宗派很多，不念佛的卻很少，禪宗一向不僅參禪也念佛，只有少數臨濟宗的人只參公案，不念佛，但晚期的臨濟宗也念佛了，這次在大陸巡禮時看到禪堂中貼的「參念佛的是誰」便是最好的印證，曹洞宗也是參禪和念佛的。禪門是用話頭、默照、念佛的方法來修行，譬如我們現在的念佛禪、念佛念得好時再來參話頭，參「念佛的是誰」，因為不念佛怎麼參「念佛的是誰」呢？

禪宗不否定密宗，持咒、拜佛、念佛都是回歸於禪門的，持咒具有持名念佛的功能，我們的心在持咒的時候知道三業相應，這就是在用禪法。持咒的目的不為求感應，而是一種修行的法門。我有幾十年漢傳佛教研究和修行的基礎，然後參考藏密的東西，轉換其一部分為漢傳佛教能用的材料。我深明漢傳佛教的好處，再研究藏傳、南傳的佛教，比較優劣，加以整理後教授給你們，使你們不必捨近求遠，各位清楚我們修行的法門很明確的是「禪門」。

三、同心同願

同心是秉懷一顆相同的「菩提心」，其中包括了智慧與慈悲。要如何表達及發揮出來呢？用心靈環保，即心五四運動，將它具體化呈現出來。讓自己產生煩惱，是智慧嗎？使別人產生煩惱，是慈悲嗎？不是的，因為「慈悲沒有敵人，智慧不起煩惱」，使別人不起煩惱心，而產生歡喜心、安全感，便是慈悲。讓自己時時心有法喜，念念不離禪悅，便是智慧。有些人跟我學了一段時間，覺得沒什麼深奧的東西可學，就跑到別處去求法求道了。我花了畢生的精力研讀佛經，把艱澀難懂的內容，轉化成現代化簡易的道理，也有一些用處的。我做個比喻給你們聽，一隻笨老鼠跳到米缸裡，看到都是米，反而不敢相信不敢吃，結果解了大小便就逃走了。

為什麼菩提心是慈悲與智慧呢？菩提心是要成佛的心，發阿耨多羅三藐三菩提，發無上正等正覺的心。菩薩發菩提心，上求佛道，下化眾生，必先消融自己的煩惱，有了這種智慧，才能上求佛道。要化解眾生的煩惱才能下化眾生，幫助眾生離苦得樂，這就是慈悲。我們同發的是慈悲心和智慧心，也就是無上的菩提心，即菩薩心、成佛的心。

為了實踐菩提心的慈悲和智慧，必須要持久地「發願」。如何使大願得以著力？要用我們的三大教育，即「大學院教育」、「大關懷教育」和「大普化教育」。不照著具體的辦法去做是發空願，不能著力。發空願像坐在蘋果樹下等待蘋果掉下來吃，等來等去等不到，結果發現這棵樹不是蘋果樹，白白苦等掉下來的竟是鳥糞，發空願就是這樣不切實際的事。我們發大願心的著力點是用三大教育，支持三大教育，參與三大教育。我們自己不但是受教育的人，也是去辦教育的人，既做學生也做老師的人。這叫教學相長，一面接受教育，一面從事教育。

（一）大學院教育

包括我們已開辦的中華佛學研究所及僧伽大學，及正在籌辦的法鼓大學。也許你們有些人認為這與你們無關，但與你們的下一代也許有關。我們要培養師資人才，高層次的學術、文化、教育人才，必須要辦大學院教育。近世中國佛教不重視辦教育，所以知識分子多半誤認佛教為迷信的，信了佛教也不敢承認，怕被認為是幼稚、愚癡、消極、逃避現實。社會上的人總誤以為佛教徒看破看空，一定沒有進取積極的心，這種誤解的原因來自於佛教不辦教育，所以教徒中的知識分子很少。一般社會大眾看不起佛教徒，也不願信佛教，天主教、基督教的人才很多，由於他們辦教育產生優秀的人才，水準較高才較容易使人信服。

因此我堅持大學院教育一定要辦，將來從法鼓大學畢業的人，受到正信佛法觀念、常識、形象的熏陶，一定會對社會整體有正面的影響力，對佛教徒素質的提昇大有幫助。當我得到博士學位時，有一大群知識分子前來學佛，陸續得到高等學位。但在此之前，出家人都是妄自菲薄，在我之前，赴日本、斯里蘭卡求學的，最多只能大學畢業，不能得到博士學位。這不是中國人差勁，而是他們得到學位後都還俗了，結果不被國內的佛門歡迎，只有脫離佛教界了。我雖然沒有還俗，但得了學位仍然不被接受，大家都排斥我這個洋博士，觀望我會做什麼，結果我只好來到美國，開始在這裡教美國人打坐，經過許多年的努力，臺灣才漸漸能夠認同我。

今天臺灣也有人辦佛教大學教育，但是不同的人有不同的理念，結果也各不同，不可說已有了菊花為什麼還要種蘭花吧！

（二）大關懷教育

諸位在做大學院教育時，同時也要做大關懷教育。如何做關懷？慈悲心如何落實呢？當然要透過我們心靈環保、禮儀環保、生活環保和自然環保，來關懷眾生，做關懷教育。對於人，我們有從生到死的關懷，把關懷工作做好是法鼓山菩薩的一大課題。而且關懷人之前必須先關懷好自己，充實好自己才能進行。我記得我的母親永遠不生病，當然不是她從不生病，而是不敢生病，因為一旦病了，孩子就沒人照顧了。所以她只生小病，不生大病。母親為了照顧孩子，自己一定要先照顧好自己，才有辦法照顧家人和孩子。

因此，要關懷別人、照顧別人，一定要先關懷自己、照顧自己才行。關懷的本身是賦予教育的功能的，關懷的時候要運用法鼓山的精神和理念才正確。譬如有人生日，僅僅送一朵玫瑰花或一個蛋糕，對方的感謝只是淡淡的謝意。但如果附上一張卡片，上面印有師父的法語，加上自己設計出法鼓山獨有的關懷方法，這份禮物就變成法鼓山整體大眾對他的祝福了，意義與感受當然非常不一樣。因為他的生日是受到三寶的加持，師父暨全體會員的祝福，相信一定會非常感動而難忘的。

（三）大普化教育

大普化教育就是用佛法來熏陶普遍的大眾，念經、拜佛、聽經、參禪、打七，受菩薩戒及所有修行活動是大普化教育，諸位看《法鼓》雜誌，向《法鼓》雜誌投稿，來參加年會，也是大普化教育。另外，讀書會、禪坐會、念佛會、大悲懺，當然也是大普化教育，我們的關懷教育中有普化教育，推行三大教育，當然與大學院教育有關，以大學院培養出來的人才去帶動、指導我們的大關懷、大普化教育，成為法鼓山上層或中堅分子的樑柱，一般大眾就像房屋的門窗、桁椽、磚瓦，如此的房屋就有了堅強的結構。受著大關懷、大普化教育的人，當然有機會成為樑柱之材，成為我們的悅眾菩薩。

這次年會的焦點主題是「一師一門，同心同願」，非常重要，我講得非常清楚，「一師」是本師釋迦牟尼；「一門」是禪門；「同心」是同發菩薩心，即慈悲心和智慧心；「同願」是共同發願推動。

（二〇〇二年十月二十六日開示於北美年會）

如何護法又修行？

——聖嚴師父對護法信眾的叮嚀

什麼是「百萬護持」？

護法總會今年推出「百萬護持」活動，有些人以為「百萬護持」，只是捐款百萬的護持，其實我們推動「百萬護持」的目的，是為了關懷社會，透過對社會大眾的邀請，共同護持法鼓山的三大教育，達成「提昇人的品質，建設人間淨土」的理念。「百萬護持」的意義，就是希望全臺灣有百萬以上的民眾，共同來推動法鼓山的三大教育志業。

什麼是法鼓山菩薩的精神？

吃過蓮子的人都曉得，蓮子甘甜，蓮心卻是苦的；自己心甘情願吃苦，把美味留給他人，這就是法鼓山菩薩的精神。法鼓山菩薩為社會大眾服務奉獻，在別人眼中看來似乎很辛苦，但自己卻是忙得快樂，累得歡喜，這就是法鼓山鼓手的精神所在。

況且，蓮心還可以續生蓮蓬、蓮花與新生的蓮子，如同人間發了菩提心的萬行菩薩，在不同的時候、不同的地方，為社會做出許多奉獻。但有些人會說：「我的能力不足，沒有辦法為社會奉獻！」這是推託之詞，每一個人都有奉獻的能力，也都有可以奉獻的地方。

如何推動佛法？

法鼓山是一個具宗教性質的教育團體，我們不講神鬼、也不講神通，只要以慈悲待人，以智慧處世，龍天善神就會來庇佑我們，這就是宗教信仰。法鼓山提倡「心靈環保」，是一種生活化的佛法，具有宗教的精神，但實已淡化宗教的色彩，我們倡導大眾「以慈悲心，化解瞋恨心；以智慧心，消解煩惱心」。

法鼓山推行任何活動，包括助念、義工團、禪坐共修、讀書會、合唱團等，都是為了達到關懷的目的，而以「四種環保」、「心五四運動」與〈四眾佛子共勉語〉等最實用的生活佛法，幫助自己，也幫助他人。在關懷的同時，也達到品質的提昇。

做義工有什麼好處？

法鼓山推動的生活化佛法，與每個人的生活密切相關，應用這些觀念與方法，可以讓自己少一些煩惱，使家庭多一些和樂。如果慈悲心與智慧心不足時，可以藉由拜懺、念佛或是禪修，這些都是修行。不快樂的時候，最好的對治方法就是先放下自我，奉獻自己當義工。

勸人拜佛、念佛，是在做義工；當別人參與修行活動時，在一旁為他們服務，這也是在做義工。做義工，一定是既快樂又健康的人。

身為法鼓山的悅眾，有什麼收穫？

凡是為大眾服務，在服務的過程中，讓大家感到很歡喜的人，便稱為悅眾。法鼓山的悅眾菩薩，必定是從佛法得到法益的人。這種法益有別於一般世俗的價值觀，我們不會以財、勢、名、利、地位做為引誘，而是以佛法的觀念與方法來自助助人。唯有透過佛法的修學，達到自利利他的成長，才是真正菩薩道的行者。

參與法鼓山的另一種好處，是相互關懷。一般人對自己的信心不足，遇到挫折、困境、病痛時，多半希望從他人身上獲得幫助，在自己的智慧無法處理問題時，到廟裡求神問卜，尋求心安。但是學佛之後，我們相信有因果、有因緣的存在，知道彼此的關懷與祝福，可以形成很大的力量。

發願之後，如何恆持願心？

在發願的當下，如果因一時的情緒或感動，而沒有深思自己是否真的願意為眾生奉獻，為眾生救度，在緊要關頭上，便可能產生疑慮。但若是以懇切心來發願，則不會退卻。一旦發現自己的疑慮，也是好的，可藉此觀照自己，再重新提起悲願心，便可化解恐懼的疑慮了。

（二〇〇三年三月二十日全省關懷行，原收錄於《二〇〇三法鼓山年鑑》）

提昇人品從自我做起

法鼓山「建設人間淨土」的理念，是今日世界共同的需要，所以已被許多人認同和接受；而我們法鼓山自我提昇人品的方法，是今日人類共同缺少的，其中若干部分，已被許多人接受和使用，不僅法鼓山菩薩，包括一般社會、乃至外國也有不少人在使用了。

由於我們法鼓山是一個教育與關懷並重的團體，所以我們法鼓山菩薩，都是接受教育、從事關懷的實踐者和推動者。

我們都是接受終生教育的學生，都是推廣關懷工作的萬行菩薩。在關懷他人的過程中，使我們自己的功德成長，在接受終生教育的過程中，使我們自己的品質提昇。

自我提昇、相互關懷，當從每一人自身做起，然後由個人而至家庭、而至社會、而至全世界。

只要我們自己願做、肯做、隨時做、隨處做的話，一人做，一人見淨土；一念做，一念見淨土；一時做，一時是淨土；一處做，一處是淨土。

如何來做自我提昇、相互關懷的工夫呢？對於這點，我們法鼓山已經有了一套方法，那是我以數十年的學佛經驗，發現佛法本是指導人間生活的教材。只要照著它逐步練習實踐，便能離苦得樂、自利利人；因此，為了適應現代人的需求，我把實用而可活用的佛法，陸續地整理成幾個簡單、易懂、且容易做得到的單元，那便是〈四眾佛子共勉語〉、「四種環保」、「心五四運動」等。

我相信，上述所說的各項單元，不僅每一位法鼓山菩薩，都非常認同，也多多少少正在使用，即使是社會一般大眾，也有許多人，已能將「慈悲沒有敵人，智慧不起煩惱」、「需要的不多，想要的太多」、「面對它、接受它、處理它、放下它」、「心靈環保」和「人間淨土」等觀念朗朗上口。只是，尚欠一種督促自己日日遵循、時時使用的方案，來協助大家自我激勵，把它當作每日必修的功課來做。

這，就是本方案產生的因緣。

從你所見到的這份「自我提昇日課表」，所標示的實踐項目來看，共有三十四項，若要求自己每天全部做到，開始的階段，似乎不太容易。但是也請大家不用擔心，你可以先選擇幾項自己覺得容易做而且已經在做的，試著做起；時間久了，就能夠自然而然地，每日在日常生活中，或多或少地、或深或淺地流露出來了。之後也許你會發現，你所圈選的項目，沒有機會做到，你未圈選的項目，卻有機會做到了，也就請畫上記號吧！

一項做到是一項的自我提昇；多項做到是多項的自我提昇；多次做到是多次的自我提昇；如能全部徹底做到，就是人成佛即成了。所以，在凡夫階段，不論選的項目有多少，做到的次數有多少，只要用心努力，常常想到自己是法鼓山菩薩，是正在做著自我提昇的人，你一定會滿意自己在增增減減的過程中，改善了自己，也影響了環境。你豈不就是提昇人品、建設淨土在人間的菩薩行者嗎？

因此，只要把握住「心靈環保」的原則，一切項目就都容易做得到了。「心生法生，心滅法滅」，如能學習用佛法的智慧處理事情，用佛法的慈悲對待眾生，所有的項目，都難不倒你的；因為天堂地獄、淨土穢土，皆出於一念心的顛倒和不顛倒。不過，在初學之時，不必要求自己太高，不必選的項目太多，盡心盡力就好。

我們都是很有福報的人，也都是善根深厚的人，我們要感恩自己有幸參與了法鼓山，因為這是一個推動佛法生活化的團體；我們除了感恩三寶賜給我們智慧、護法龍天提供我們機緣，使我們知道怎樣來推展生活化的佛法；也要感恩法鼓山的僧俗四眾菩薩，為我們這個團體，做了無量功德的奉獻；也要感恩我們的國家社會，對我們這個團體給予鼓勵及支持。

因此，我們必須知恩、報恩，必須知福、惜福、種福，以努力實踐本方案，來提昇自我，並迴向給三寶，以及一切的恩人。

本方案，先從法鼓山的體系內開始實施，待獲得社會大眾的嚮往認同之後，便可普及到廣大的人間去了。

（二〇〇三年七月二十四日寫於北投農禪寺）

把佛法智慧帶回去

近年來，法鼓山的海外共修處和聯絡處快速擴展，但由於時空的距離，不免和臺灣之間產生溝通上的落差。這次研習營的目的，正是為了彌補這樣的不足，同時也在凝聚共識和向心力。參加這次研習營，大家應當成是來此學習、提供智慧，再將心得帶回去。研習的目的是讓大家開誠布公提出意見，聽聽別人的經驗，然後解決它。此外，大家回到臺灣，也可以親自看看法鼓山建設的成果，了解法鼓山成長的腳步、目前的狀況，以及未來的願景。

我們法鼓山推動的是人間化佛教，是用清淨的佛法淨化人心、提昇人品的團體，而不是只求自修自學的佛學社，必須積極對外推動心靈淨化的工作。然而要提醒大家的是，共修處和聯絡處主要是開會、凝聚向心力的地方，不只是用來拜懺、念佛和打坐，我們是要將佛法和法鼓山理念推廣出去，做到「家家蓮社，戶戶禪堂」。

由於國情不同，全球各地的共修處和聯絡處各有特色，期許大家在不同的差別當中，凝聚願力和共識，為淨化人心、提昇人品的理念，一起努力。

（二〇〇四年二月二十一日對海外悅眾的叮嚀，原收錄於《二〇〇四法鼓山年鑑》）

法鼓山將朝年輕化、國際化發展

法鼓山明年（二〇〇五）即將進入第十六年，十六年來，我很感恩大家，如果沒有你們的護持和奉獻，就沒有今天的法鼓山。然而，諸位悅眾菩薩跟我一樣，都漸漸老了，法鼓山的未來必須要年輕化。年輕化，需有一套想法和作法，比如我們最近舉辦的「生命自覺營」，就是希望接引年輕人報考僧伽大學、進入僧團。

法鼓山要在穩定中求成長，同時也要求發展。大家對法鼓山精神的實踐，並獲得佛法利益後所產生的熱力和信心，即是我們發展的最大持續力。外界認識法鼓山，多半透過和諸位核心悅眾接觸，當他們從你們身上學到了榜樣，自然一個影響一個，如此法鼓山精神便能開展出去。

我的師父曾告訴我：「佛法很好，但是懂得十句，不如實行一句。」法鼓山推廣的是生活佛法，一般大眾是來法鼓山學習佛的心態、言語和行為，這才對社會有益、對自己有用，才是在做提昇人品、建設淨土的工作。

除了長期的大學院教育，法鼓山也是我們全體法鼓山菩薩受教育的地方。將來法鼓山佛教教育園區將提供每位信眾每年至少回山一次，接受三至七天的教育課程，如禪修、念佛和各種訓練等。

此外，我們也希望把禪修推廣出去，目前的八式動禪、坐姿禪和出坡禪，都是從禪七裡面獨立出來，融入一般人的生活之中。現在八式動禪也推廣到美國和歐洲，大家學了之後都感覺很實用。這便是透過禪修，來實踐心靈環保。

我們這個團體就是在做禪修、佛法和心靈環保的推廣工作，不僅在臺灣，海外也一樣要推廣。未來的世界一定要跟國際接軌，所以我們要不斷培養禪修師資，大家不一定要成為禪堂裡的禪師，但可以來帶領八式動禪，把法鼓山的禪法，齊心推向國際。

（二〇〇四年七月十八日講於召委暨會團成長營，原收錄於《二〇〇四法鼓山年鑑》）

受報、還願
——面對挫折、接受挫折、化解挫折、消融挫折

人不轉，哪裡轉？

諸位菩薩是我們法鼓山核心中的核心，希望大家能學習用佛法調心，遇到任何事情，不要老是抱怨人家有問題、環境有問題。佛法是教我們向內思考，而不是向外埋怨他人。

環境跟我們有衝突是正常的。老子說：「吾所以有大患者，唯吾有身。」人因為有這個身體，所以處處有問題，譬如說，環境裡充滿了空氣，空氣是自然的，但是當冷空氣強的時候，我們就會感冒、打噴嚏、咳嗽，大家因此抱怨

天氣不好、氣候惡劣。想想，這究竟是人的問題，還是天氣問題？學佛的人怎麼處理這些問題？

去調整自己的心！只要心念一調整，環境就會轉變。山不轉，路轉；路不轉，人轉。如果人不轉，哪裡轉？心轉！這就是「心靈環保」。通常我們連自己的身體都轉不了，遇到狀況就像蠻牛一樣，一頭衝過去，衝得頭破血流，還一邊抱怨、指責，落得自己痛苦，環境遭殃。

如果我們不用佛法幫助自己，怎麼能推動我們的理念？「提昇人的品質，建設人間淨土」，這不是口號，更不是標語，是要我們自己去用、去實踐的。團體之中難免有人會有怨言，有人能夠表達出來；有的人不敢說，悶在心裡；或有的人則私下向人輾轉傾訴。這種情形，就像是一顆橘子裡面壞了汁囊細胞，從一個傳到另外一個，到了第三、第四個，結果整顆橘子全壞了。本來只是一個小問題，但是一個人的思考方式有誤，就會影響到所有人的思考模式跟著錯誤。

正確處理問題的方式，應該是：有問題、有狀況，我們共同想辦法解決；

個別的問題，能夠個別解決的就要解決；不能解決的，就用團體的智慧來處理。任何一種制度，都有它的優點，也有它的缺點，能夠檢討缺點、改善缺點，我們便能夠成長。我們現在的護法體制，最初是由幾個人規畫的，實施一段時間以後，就必須要修正。發現小問題，就是局部處理；如果是大原則、大方向，就需要我們共同來討論、制定，讓大家都能夠適應。

面對問題、解決問題；面對抱怨、解決抱怨。不能解決的要反應，反應以後要處理。許多的問題，只要我們的心量大，當下能接受、包容，那問題就沒有了。所謂「小不忍則亂大謀」，小事要忍，忍了以後，問題自然會消失了；不過有些事情忍了以後，問題還在那裡，可能愈來愈大，那就要馬上處理，假使不處理，本來只有一個爛細胞，結果就會變成一顆爛橘子，那就糟糕了！

不是受苦，是還願

我們來到世界上有兩大任務，受報和還願。第一個是「受報」。「報」

也分成二種，一種是苦報，一種是福報。「報」是因與果的關係，過去世種的因，在這一生受報。我們總希望多一些福報，不要受苦報，可是如果過去世造的苦因多，種的福因少，這種希望當然會落空。假如我們過去世造了許多福因，這一生就是非常順利的。

在臺灣有某位先生，一出生就是高官的公子，從小沒受過苦難，非常平順當到了高官，未來退休了，還會享受榮華富貴，所以他的這一生就是福報。但是有的人從小就很艱苦，一直到老還是非常辛苦，一輩子身世坎坷，這是什麼原因？就是苦報。

不過身世坎坷的人，如果不自艾自怨，那就不是受苦報，而變成是「還願」了！我從小沒享過福，忙了一輩子，已可不愁什麼，老了應該要享老福的，可是卻愈來愈忙！這時候我想到我是來還願的。

當我們受苦的時候，不要以為是來受罪的，而是來還願——還過去生所發的悲願。地藏菩薩到地獄度眾生，是不是因為他發了願？地藏菩薩到地獄的時候，會不會感受到地獄裡的冰與火？一樣會，冷就是冷，熱就是熱，就像消防隊員穿了全副消防救生衣，進了火場，還是會有灼熱感。但是地藏菩薩發願要度地獄的眾生，是自願的，加上心有定力，所以他不是在受苦，而是在還願。

所以當我們遇到困擾、遇到苦難的時候，要想：「好感恩，讓我有機會受報與還願。」因為有困難的時候，正好能鍛鍊自己的信心、生起慚愧心，並增長悲願。菩薩一定要從受苦受難之中，才能夠去救苦救難！這是說，當我們受苦報的時候，心念上不以為是苦難，就不會怨恨，就不會有退心。

《金剛經》有云：「若為人輕賤，是人先世罪業，應墮惡道。以今世人輕賤故，先世罪業，則為消滅。」過去世種的因、造的惡業，原本應墮三惡道，由於今生學佛，所以重罪輕報，只是被人家輕賤、瞧不起，然而過去的惡業重罪卻也因此全消解了，所以能不感恩嗎？

人的一生，如果期望常常受人尊敬、被人讚歎，反而是很痛苦的事。我們不可能永遠被人家讚歎、恭維，永遠順利如意。《法華經》裡有一位常不輕菩薩，一生被人看不起，甚至人家要打他、汙辱他，但他還是尊敬所有的人，把所有的人當成是現在的菩薩、未來的佛。我們大家都希望被尊敬、被讚歎、被恭維、被重視，其實這種想法是錯的，有這種想法就是一種煩惱。我們都是萬行菩薩，我們要在受苦受難之中，從事救苦救難、修福修慧的活動。

做好人，不等於做傻瓜

我們幫助他人的時候，有品德、威儀、有慈悲心，是自己在修行，是不求回報、是無條件的，不是為了要讓人恭敬、讚歎，反而要經常不忘去恭敬、尊重、讚歎別人的美德和善行。

但是，做好人並不等於裝做傻瓜。傻瓜沒有原則，我們是有原則的，以逆境為菩提道的資糧，視挫折為增長菩提心的一股力量。很多人都會游泳，游泳的時候，如果是順著潮水、風向，一定游得很輕鬆；假如逆流而上，便會不斷受到阻力，雖然吃力，不過也有好處，那就是在阻力中，可以把游泳的技術練得更精湛、更紮實。

我現在請問大家：「你的牙齒會不會咬到自己的舌頭，或者咬到自己的嘴唇？」一定會有的。連自己的身體都會發生這種狀況，怎能保證人與人相處不會產生摩擦？摩擦是正常的，但不可因此便認為說：「反正摩擦是正常，我們就互相打來打去吧！」如果這樣，反倒變成愚蠢了！我們的嘴巴、舌頭，為什麼被自己的牙齒咬到？一定有原因的。當我們比較忙、比較累、元氣不夠、睡眠不足的時候，這種事情一定會發生，但絕不是故意的。

當我被自己咬到的時候，我很感恩，因為有這麼多菩薩成就我、需要我，我忙得睡眠時間都不夠，因此牙齒咬到了舌頭。怎麼辦？擦藥、多喝水，還是繼續忙。這是盡形壽，獻生命，為的是報三寶恩、眾生恩、父母恩、師長恩。雖然不知道能不能「上報四重恩，下濟三塗苦」，但是我覺得佛法對我幫助很大，所以我要把佛法奉獻給別人，只要有人願意接受，我就給人家。

最近，我在中國大陸北京大學、清華大學、南京大學、中山大學演講的時候，行程忙得不得了，除了演講，要見的人非常多，每每到了晚上十點鐘，還有人要來見我。我的侍者擋著說：「師父要休息了，明天一早還有事。」我說：「阿彌陀佛！好不容易來一趟，他們需求佛法，就像大旱之望雲霓，即便我已經累了，身體不舒服，還是要見！」我知道侍者是為了照顧師父、護持師父，卻忘了我來大陸的任務。

因此，我奉勸大家有困難的時候，不要怨聲載道、吐苦水。如果有問題在我面前出現的時候，我找誰呀？我念觀世音菩薩。大家也可以念觀世音菩薩，懇求菩薩的祝福。請大家要做師父的化身，做無底的垃圾桶、無塵的反射鏡。任何人的怨言、牢騷、不滿都聽下來，聽了以後能解決的便解決，不能解決的就反應，反應了若沒有被重視，就做無底的垃圾桶吧！那就不會變成自己的煩惱了！

我們法鼓山是「心靈環保」的專賣店，諸位菩薩知道「心靈環保」，卻還是有人沒好好保護自己的心靈。請大家問自己：你的心還是一面無塵的明鏡嗎？只要煩惱心一動，不管是貪心、憎恨心、憂慮心、悔恨心、妒嫉心、懷疑心，你的心就蒙上更多塵了！

然而，心就是這個樣子。萬一心裡不快、不舒服、不自在，怎麼辦？「處處觀音菩薩，聲聲阿彌陀佛」，念阿彌陀佛、念觀音菩薩，你的心就會平靜下

來，天大的難題也會迎刃而解了！

（二〇〇五年四月三十日講於法鼓山臨時寮大殿正副召委、會團長、救災總指揮成長營開示，刊於《法鼓》雜誌一九三、一九四、一九五期）

行善沒有條件

諸位之所以來到法鼓山，是為了法鼓山的理念而來，因為你們接受法鼓山的理念，認同、護持法鼓山的理念，所以加入這個團體，願意同心齊力為推廣法鼓山的理念而努力。這是諸位的願心。

因為發願　所以更奉獻

法鼓山，並沒有一個真正的實體稱之為法鼓山，建築物只是一種設施，用以助成我們的理念推廣。在個人來講，就是參與這個團體，對自己的品德和觀念，帶來了正面的提昇，產生了助益；對世界環境來講，我們是以推廣「心靈環保」的理念來安樂世界，奉獻給我們的周遭環境，希望它能夠一天天更好。這是法鼓山菩薩共同的願心。

為了這個願心，我們大家結合在一起，共同推動理念，打造人間的淨土，這是諸位參與法鼓山最重要的意義。我們是為了自己、為了家庭、為了社會，為了下一代都需要法鼓山的理念，所以參與法鼓山，並不是法鼓山有什麼利潤可以提供。

我們僅有的，就是提供法鼓山的觀念和方法，來幫助諸位淨化自我、成長自我，同時推廣到社會、利益大眾。如果我們認為這個社會哪裡應當改善，我們的方法還是推廣法鼓山的理念，用法鼓山的理念來利濟社會、影響社會。

行善、做公益是沒有條件的，如果做公益、做善事，心中有一個條件衡量，只能做到一個程度；之後，就會灰心、會起退心。因為你希望得到大家的讚歎，期望所做的每件事，都能有人來支持、肯定；如果不是這樣，就會開始灰心，這就是心裡有期待。假如存著這種心態做公益，就無法做得長久，而功德也是有限的。

將反對、阻撓轉為助力

此外，在接引大眾的過程之中，不可能所有人統統都支持我們；有些人，會帶來負面的聲音，給予阻撓的力量，而我們要容忍、要接受，才能讓團體的人愈來愈多。如果不接受、不容忍，凡事以個人自我為中心，要談理念的實踐是不可能的。

每個人所能獲得的利益，來自自身。我們有一些委員和勸募會員，他們付出許多，而有形的回報幾乎是零，可是他們仍然堅守職責，毫不懈怠。我告訴大家，諸位在法鼓山所能得到的，不是財勢、名利、地位的酬謝，而是個人奉獻多少、發心多少，就有多少的回報！奉獻愈多，發心愈堅固，所得到的成長也就愈多。

以我個人來說，現在看起來好像有很多信徒、有很多人在護持著我、跟隨著我，但是不是一開始就是如此呢？其實我和大家一樣，在推動理念的過程中，也有一些人持著不同的意見而來，站在不同的立場反對我。對於這些有不同意見的人，我非常感謝，因為他們是在想辦法使得我們的團體更好，讓我們有新的思考。反對的聲音是一種激勵，也是一種助緣，而我接受反對的意見，包容反對的聲音，因此使得我們的團體更健全，對社會也產生了更大的影響力。

我在許多場合見到各樣的人，他們都肯定法鼓山對社會產生的正面影響。這些影響力從何而來？來自於我們大家共同的努力。因為諸位的觀念、想法轉變，所看到、所接觸的世界是不一樣，從而更平安、更快樂、更幸福！也因此使許多人受到感動，一起來參與法鼓山，推廣法鼓山的理念；也有一些人，他們的物質生活貧乏，可是接觸法鼓山以後，對未來懷抱希望。這就是法鼓山整體產生的影響力。

這兩年來，法鼓山倡導了兩項活動，一是「防治自殺」，另一是「心六倫」運動。以「心六倫」來說，在道德淪喪、倫理破產的今日，社會上許多層面都讓人覺得不平安，我們提倡「心六倫」，大家都覺得正是時代所需。至於是不是能夠馬上看到成效呢？不一定，但是這個方向是對的，這個運動是需要推廣的。又比如我們在幾年前推動的「心五四」運動，這個運動是否完成了？還沒有，我們仍然要持續推動，一代一代地推廣。能夠把一項活動、一種觀念，推展成為社會民眾的一種習慣，才是真正紮下安穩社會的基礎。

同心同願　異中求同

推展任何一種運動或觀念時，最重要的是身體力行，也要號召大家一起參與；不僅這一代的人要落實，下一代的人也要持續，這就是一種教育了。而這些教育工作，如果只有我一人來推動，力量是有限的，因此我要號召許多的人一起來做，既號召新的人參與，也希望影響未來的人投入，一代一代的人接續努力，無有窮盡。

我們會持續地辦教育，持續地推動三大教育。但是在推動的過程中，大家的意見難免分歧，彼此的想法會有差異，但沒有關係，只要我們始終把握住法鼓山的理念──「提昇人的品質，建設人間淨土」，其餘都可以接受。這就是說，在一個團體之中，「同中有異，異中存同」，大同而小異是允許的，大異而小同，則不應該。團體的成員，切不可堅持己見，一意孤行，造成團體困擾，產生嫌隙。有的人很發心，可是自我中心也很頑強，凡事都要順著自己的意思去做，不順己意，就不參與。大家要知道，團結才能凝聚力量，否則力量是分散的。好比一對夫婦，如果雙方各有堅持，互不相讓，家庭也就難以維繫。在一個家庭或團體之中，可能每個成員的意見都是好的，這要肯定，但更重要的是能夠協調、相互妥協，從而找到一個共通點。對法鼓山而言，這個永遠不能改變的共通點，就是我們的理念。如此一來，大家才能夠成長，隨著團體水漲船高。

在團體中，要能異中存同、同舟共濟、同心同願，才能讓團體成長，參與其中也就不會抱怨，因為團體的事就是我的事。

人才培養　教育尤要

現在法鼓山的出家眾將近有兩百人，人數增加得不是很快，可是需要僧團照應的地方，不斷擴大，因此我們需要辦教育訓練人才。常常有人問我：「地方上能不能派法師來？」現在各地的共修處，看起來會眾不少，但是經常參與如拜懺、念佛、打坐等共修的人，每個共修處平均只有幾十人，至多七、八十人，主要是因為場地的限制。因此，有許多共修處都爭取要建道場，希望道場建成以後，僧團就能派法師來照顧，一方面領眾修行，一方面興隆道場。但是我要告訴諸位，這種想法是不切實際的。

我們的法師，有的才剛剛出家，還不能夠真正地弘法利生；他們還在學習，道心還在培養。一個出家人的養成，往往需要十至十五年的時間，才能真正成熟道心。僧團培養人才是非常不容易的，但是我們也不灰心，即使法鼓山僧伽大學一學期只有一人來報考，我們還是要繼續開班，繼續培養人才。

農禪寺最初只有我一人，僧團初建也只有一、二十位法師，而我們還是一年一年成長了。在過程中，也有許多人離開，因為他們覺得沒有受到很好的教育，沒有受到很好的關懷，未來前途不定……，這樣的人，是沒辦法安住、安心的。安心是安於理念，安於道心，認定法鼓山是他們終身服務、奉獻、修行的團體。僧團的每一位出家眾都要經常發願，如果不發願，一個風浪很可能就把道心沖走了。

大家要有恆心，要有耐心，更要有願心。對理念的認知很重要，不要斤斤計較明日能獲得什麼，未來將會如何；而要用心體驗法鼓山的理念，毫無遲疑地推動法鼓山的理念，這樣才能夠心無憂悔，道心堅定，永不退轉。

最後，我要期勉大家，面對不同的意見要包容，要集合眾人之力，成就利益社會大眾的事。如果獨自一人想要對社會有所奉獻，是很不容易的，因為一個人要為生活、要為工作、要為家庭付出，所餘時間與心力有限。而我們這個團體，就是凝聚眾人之志，團結眾人之力，以同心同願，奉獻給社會一份安定的力量。祝福大家！

（二〇〇八年一月六日講於法鼓山園區正副會團長、救災總指揮、召集委員成長營，原收錄於《二〇〇八法鼓山年鑑》）

傳承法脈．培育僧才

——僧團

以重整佛教為己任

上、下兩院諸位職事、常住大眾以及所有信眾：我們每年辭歲的人數一年比一年增加，這正代表著佛法隆盛，表示著世界有希望，在此甚感欣慰與歡喜。從我回國，今年（一九九〇）是第十四年在這兒過年，自從東初老人圓寂後，文化館只有三位比丘尼和我，是一種人單影隻的情景，而今上、下兩院共有四十多位於祖堂向歷代祖師辭歲，是值得告慰。

我們這系統有二派系：東初老人的出家道場是屬於普陀山系的臨濟宗，他接法之道場屬鼓山系焦山派的曹洞宗。我個人是繼承他老人家二個系統，但我另又承襲靈源老和尚的系統，他是南華曹溪虛雲和尚系的臨濟宗。

了解佛法減少社會傷害

一年來，對我而言，俗家的二位親人大姊夫和三哥往生。前年（一九八八）回大陸所見的親人，四人就走了二位，雖然我已出家，心裡不能沒有悲痛；而常住原有三位比丘尼，前年走了一位，我心裡不能沒有遺憾；比我年輕卻走得比我早。

再看我們的國家，這一年來並不是很平安，發生了許多案子，經濟亦非穩定，社會大眾一直處在苦難中。世界到處皆有恐嚇、殺人、盜竊等事，此世界並非淨土。一九九一年一月十七日波斯灣戰爭爆發，不僅戰場的軍民傷亡可憐，所造成的後果也不堪設想，環境汙染、經濟危害等問題使各處都蒙受其害。所謂城門失火，池魚必定遭殃，可見此世界從古以來皆在戰亂中，而人為何要於戰爭中死亡？難道不能避免嗎？這是人類的愚蠢，如果大家都知道佛法多好！了解佛法就能減少對社會的傷害。所以我們都有責任傳揚佛法，但是佛教在這世界仍是弱勢的宗教，人數不比基督徒、穆斯林多。

臺灣的佛教看起來很熱鬧，寺廟多、刊物多，可是社會問題為何沒多大的改善？原因是佛法不夠普遍，真正能弘法的人才不多，而卻有人利用佛教之名以圖私利，增長自己虛名，對社會不能有所助益。這種現象是謂法弱魔強。

眼光看遠心胸放寬

在今晚年三十夜我們做總檢討，應問問自己這一年來對常住大眾的照顧、關懷做了多少？對社會奉獻了多少？並應發願將佛法所得的利益，分享給凡接近我們或我們所能接觸的有緣人，這即是自利利人。要知道無菩提心的佛教，一定是虛殼；無發菩提心的佛教徒，一定是假的佛教徒。故今晚以菩提心與大家共同勉勵。

我們更要以重整佛教為己任，不要辜負歷代祖師將佛法一代一代傳揚下來，否則我們會變成末代子孫。

眼光要看得更遠、心胸要放寬，不能僅看到個人，或文化館、農禪寺這小的地方，要向世界看、向無盡的未來看，佛法的重擔要一肩擔起，要承擔重任就得發菩提心，不能稍遇困難挫折即怨天尤人。

未來的法鼓山正在興建中，今天有常住眾問我：「法鼓山何時建好？您年紀大了，不快建設好要怎麼辦才好呢？」我回答說：「如同我們今晚的年夜飯之所以能順利地坐著吃，須有事前的準備，買菜、洗菜、烹飪等等，才能做成一道道佳餚；同樣地，法鼓山的建設也正在準備材料當中，一切都進行得相當順利。」

因為我們的社會需要法鼓山，法鼓山是為了接引更多更廣的眾生，所以上、下院的常住眾，請大家盡己力、守本分共同為建設法鼓山而努力。

（刊於《法鼓》雜誌十七期）

法鼓山的輔導師

昔日的中國佛教都保守在自家的三門內，出家人只管自己的事，以致於和整個的社會群眾脫節疏離，而造成佛教的衰微。今日的社會，日日進步，世界各民族、各宗教也時時互相競爭。佛教若不關心社會大眾，便有滅亡的危機。

佛教的功能是在淨化人間

近世以來的中國佛教往往被冠上「消極」兩字的代號，就是因為它給人的印象是退隱在山林裡，只管念佛、吃素、求了生死的一群人，尤其在歷史上凡是佛教衰微期，也都是這樣。禪宗之所以倡導「一日不作，一日不食」的農禪生活，就是因為都市佛教受到政治壓迫之後，失去生活的支援，只好隱遁山林「自給自足」。久而久之，自然而然便與人間大眾脫節。後來的禪宗又能逐漸和人間結合的原因，便是主張「生活就是修行，修行不離生活」的結果。當這樣的修行方式漸漸被一般人接受和認同之後，佛教才慢慢地恢復了人間化的形象，漸漸地普遍化而形成了被佛教徒們當作最鍾愛的修行法門。

中國佛教在明末以後，受到政治力量的驅逐，又一次被逼隱退到山林之中，就好像明末以來從中國大陸移民到臺灣的漢民族，以強勢的武功和高水準的文化，將原住民趕向山中，而成為高山族一樣。中國佛教實在可憐，常被以儒家思想為基礎的權勢驅趕，成為隱遁山林的山胞，當然就跟人間隔閡疏遠了。而流傳於民間的佛教，則迎合民俗，與民間的神鬼信仰結合，招致知識分子的歧視，被他們視為「神佛滿天飛」的低級迷信。

明末以來，當西方的天主教、基督教挾著西方的科技文明傳入中國之後，佛教界的有識之士，便起而振興，尤其是民國初年，佛教界出現了數位大師，又將山林中的佛教推向人間，走進都市，重視義理的弘揚，恢復佛教的化世功能。例如太虛大師提倡「人生佛教」，印光大師主張「敦倫盡分」，都是人間化的佛教。當今的印順法師也主張「人間佛教」，我的先師東初老人也是主張「人生佛教」，我們法鼓山正在提倡的理念是「提昇人的品質，建設人間淨土」。這些都在強調佛教是跟人間結合在一起的。

處於現代的我們，再也不可能回到「離開人間而終老山林」的生活型態去了。

我們毫無選擇的餘地，已不可能捨棄人間隱入山林。各位都曾閱讀過《釋迦牟尼佛傳》，知道釋尊在鹿野苑度化五比丘，度過一夏之後，便指示五人各自分頭，走向人間，各化一方，這就是佛教的根本精神。

近數年來，臺灣佛教的復興，乃基於人間化的關係。但是，人間化絕不可淪為世俗化。因此，印順法師一再地提示：正信正統的佛教，第一，不可變成梵（天）化，就是神化；第二，不能流為世俗化，不能因為參與世俗事務，迷失了自己的方向和立場，導致失去清淨身口意三種行為的精神。我再提出，第三，也不得形成只為學問而學問的學究式佛教。現在世界各地的佛教，上焉者學術化，中焉者梵天化，下焉者就是世俗化。真正純淨的佛法，僅在少數人之間。

法鼓山輔導師的立場、身分、責任

法鼓山目前推動「提昇人的品質，建設人間淨土」的理念，無非是朝向「佛化人間」、「佛化家庭」、「淨化社會」的道路邁進。

在法鼓山的每一項弘化事業，都設有輔導師。他們是代表我聖嚴師父（和尚），對法鼓山系統之下各事業體所有在職菩薩及義工菩薩們，做了解、溝通、協調、關懷、指導的工作，是師父和他們之間的橋樑，能暢通無阻地傳達師父的關懷和指導方針的原則。

師父不等於聖嚴這個人，他是根據正確的佛法，形成及象徵整個法鼓山的精神、理念、制度、方針和原則。這些精神、理念、制度、方針、原則，正是法鼓山僧團現在正在進行的各項弘化事業。如果僅僅將師父當成單獨的一個人，那麼師父不在現場時，是不是整個法鼓山各個相關的事業體，都沒有事可做了？不是。為什麼？師父雖然人不在每一個現場，可是背後有師父的整個精神體在支援、推動和運作。

還有，被派往各地辦事處及聯絡處的輔導師，是代表師父，也代表僧團。這些輔導師們和各地區的召集委員、會員等信眾之間的關係，就如同僧團的聖嚴師父和我們護法會會長、副會長的關係一樣。會長是師父從在家弟子之中禮聘優秀、忠誠、信心堅固、護法熱忱的大德居士來擔任，因此，他們是以師父的原則為原則，以師父的理念為理念，以師父的方針為方針。各地的召集委員也是一樣，用他們的福德智慧協助師父及師父的代表「輔導師」，來推動弘揚佛化的事業；所以，他們是法鼓山各分支院的護持者，不是獨立機構的領導人。但是師父應該尊重各種專業及受聘菩薩們的權責和建言。各處的輔導師與他們所輔導的護法菩薩之間的關係，亦當比照這一原則。

輔導師是代表師父來關懷、指導各部門。可是，我們現在的輔導師們所具備的條件，不足以讓他們認為就是代表師父，所以，我們不用「指導」二字，而用「輔導」，做協調、關懷、溝通、主理法務、糾正偏差的工作。以此來支援協助各部門的在家萬行菩薩們，在我們的共識之下，共同努力。

基於此，輔導師一定要掌握我們的共識、理念、精神、方針、方法。自身一定要在「提昇人的品質，建設人間淨土」的理念基礎下來運作，要尊重、禮遇、感謝、慰勉專職及受禮聘而來的菩薩們，切勿以輔導師的身分、地位、立場，來壓迫或強制某項事或某些人。

我從不用強制，而用「佛」的智慧及慈悲。佛是以掌握法義為原則，以推動法義而尊重大家，關懷每一個人。在法義的原則下，來參考實際情況，建立制度，推廣佛法，利益大眾。

我不以個人的好惡指導人，而以現實人間的需求，用最簡易的佛法原則來協助人。我不是領導人，而是以佛法的功能來自利利人。這就是學佛者應有的認知。

我對我們的僧團是如此，對在家菩薩們也是如此，但願我們的輔導師們也是如此。

（一九九三年三月二十五日講於北投農禪寺晨間開示，刊於一九九三年五月十五日《法鼓》雜誌四十一期，原收錄於法鼓山小叢刊《法鼓山的方向》）

繼起有人

禮敬十方常住三寶
禮敬本師釋迦牟尼佛
禮敬西天東土歷代諸大祖師
禮敬我的兩大傳承
東初老和尚及靈源老和尚
感謝護法龍天，感謝十方信施

回想十七年前，我聖嚴雖然已屆花甲高齡，而且衰病忙碌集於一身，為了作育佛教繼起之人才，不畏艱辛，不受阻難，開始籌建法鼓山世界佛教教育園區。在眾多善緣促成之下，第一期硬體工程，已於去年舉行了落成大典。又經過一年的時間，法鼓山僧團的各項制度、規章、原則、辦法等，也已陸續完備。在我的健康狀況尚能出席新任方丈接位儀式的今天，親眼看到法鼓山領導人的世代交替，成為事實，我相信不僅是我個人的福報，也是法鼓山四眾弟子的福報，甚至是二十一世紀的人間福報。

新方丈的人選，是如何產生的？是依據「方丈敦聘辦法」，首先由僧團代表推選五人，再由創辦人就中圈選一人，最後送交僧團大會行使同意權通過任命。

其實，法鼓山僧團中，有各種領域的傑出僧才，從任一角度看，都是繼起有人的。例如各別專長於學問、教育、文化、禪修、弘講、組織管理、溝通協調，勇於任事，以及對於法鼓山理念及方向的熟悉等，也有一人兼具數種長才的。為了分工合作，各適其所適，我們不要求新方丈是面面俱優的全才，但求方丈的人格健全、戒行清淨、氣度恢弘、有大悲願。方丈的責任是傳承法鼓山的法脈法統，是秉承創辦人的理念宗旨，依據法鼓山的共識，結合僧團內外的資源，為僧團內外，為一切眾生，提供淨化人心、淨化社會的服務。不調和的使之調和，不通暢的使之通暢，不清淨的使之清淨，不精進的使之精進，未成長的使之成長，走偏了方向的將之糾正過來。

方丈扮演的角色，對內是領眾焚修，攝眾、和眾、安眾；對外是代表法鼓山清淨團體，接引大眾，淨化社會。也就是執行僧團大眾交代的住持職務。

萬一發生窒礙難行之事，則依情節的大小輕重，可分別召開綱領執事會議、僧團代表會議、僧團大會，依制度辦法商討處理，有必要時尚可邀聘專業顧問，來協助處理。

今天接位法鼓山第二任方丈的果東法師，雖不一定是法鼓山最優秀的人才，但我相信是非常恰當的人選。他出家受比丘戒十多年來，對於三寶，信心堅固；對於修持，道心堅固；對於師父的教法，從不懷疑；對於僧團及道場的向心，忠誠不二；身體健康，勤於奉獻，何處需要他，他就去何處；不辭辛勞，經年累月對廣大信眾做了許多不分晝夜的關懷工作，故代表法鼓山為體系內外的社會各界，結了不少善緣。

我要代表法鼓山的僧俗四眾，謝謝新任方丈，勉勵新任方丈；也要代表新任方丈，謝謝法鼓山的僧俗四眾，勉勵法鼓山的僧俗四眾，應把新任方丈當作法鼓山這個團體的中心支柱，共同來信賴他、護持他。

至於我聖嚴師父，卸任後依舊是法鼓山的創辦人，依舊是僧團及教團的導師，依舊有權管教徒眾的行儀，依舊有責任照顧大家的道心，依舊是一個關心眾生苦難的出家人。若干尚未完成的工程以及正在規畫的教育事業，暫時還會負責。

（二〇〇六年九月二日法鼓山第二任方丈接位大典開示，原收錄於《二〇〇六法鼓山年鑑》）

眾生有盡，我願無窮
——勉新任方丈

我有四點勉勵新任方丈以及法鼓山的僧俗四眾：

第一，剛才新任方丈從我手中接下的信物有三項：1.法鼓山僧團組織章程；2.法鼓山創辦人之指導方針；3.一〇八粒的念珠一串。

一、二兩項是由僧團代表大會通過，交代方丈遵行實施。第三項是勉勵方丈，時時提起戒、定、慧三學的正念，息滅貪、瞋、癡三毒的一〇八種煩惱障礙。若能依此三項信物來擔任方丈職務，必定能使法鼓山教團及方丈個人的慧業福業，日日增長。

第二，我們不要隨俗說：「創業維艱，守成不易。」那是不夠正確的，因為我們法鼓山這個團體是在時代環境的希求下，以及社會大眾的支持下，水到渠成的，這不是我聖嚴的創業，而是這個時代社會的共同資產。

因此，我要勉勵新方丈，不用迷信「守成不易」，只要本著法鼓山的理念，推動三大教育及四種環保，就可隨時順勢而為、應時而生，結合教團內外的各項資源，經常開創新情勢，為今後的世界社會，帶來新風氣、新局面。

第三，我們不要說，新方丈是法鼓山的唯一接班人，而要認知我的下一代乃至每一代的每一位成員，都是我們法鼓山的接班人。我們是共同體的僧團，是依眾靠眾，是共同分擔工作、分擔權責，每一個領域的每一個層面，都有各司其職、各負其責的人，方丈只要鼓勵全體四眾，同心協力，為法鼓山的理念努力，就會如同載著一船人，每個人都划著一支槳，順風順水似地那麼容易。

第四，我們的時代社會，希望我們用佛法來奉獻的事很多，我們的人力物力及時間卻很有限，應當判斷選擇輕重、緩急、先後次第來做，個人做不完的，勸大家來做；這一代做不完的，勉勵下一代的人來做；這一輩子做不完的，發願永生永世繼續來做——眾生有盡，我願無窮。每一個職位可以換手做，淨化人心、淨化社會的悲願弘誓，是盡未來際做不完的。

（二〇〇六年九月二日法鼓山第二任方丈接位大典致詞，原收錄於《二〇〇六法鼓山年鑑》）

堅守漢傳佛教與法鼓山道風

今年是我們在法鼓山上的第二次辭歲，首先要感恩諸位去年（二〇〇六）一年的努力、學習與奉獻，不僅我們的團體成長，個人也成長了。

去年一年，我們成長得非常快。在體制上，從我兼任創辦人和住持的雙重身分，到去年九月舉行第二任方丈接位大典，代表僧團制度逐漸邁向健全化。法鼓山僧團的組織章程，也逐漸臻於完善。

從大原則來講，僧團章程就好比是一部憲法，尤其是一個宗教團體，並非一般民間社團，更要重視組織章程的穩定性。

我們初創一個道場，如果章程隨時可改，也就隨時存有危機。只要有一些抱有野心的人能夠辯才無礙，就會非常危險。為了保障我們的道風，保護我們的傳統，所以我主張：僧團的基本章程絕對不能修改。就像憲法是一個國家立國的根本大法，不得輕易修改，否則對國家社會將產生難以想像的影響。原則就是原則，技術性的部分可以討論，但是原則性的立場、方針，不可動搖。

漢傳佛教的根本不能動搖

現在我們大家在祖堂辭歲，祖堂的意義是什麼？它是代表著佛法的傳承——從釋迦牟尼佛開始，直到今天二十一世紀的我們。法脈是一代一代相承相續的，從原始的印度佛教，到今日的漢傳佛教。而漢傳佛教是我們的根本，這點不能改變。如果不能堅守漢傳佛教的立場，而轉變成藏傳、南傳的修持，那就喪失了我們道場開創的精神。

五台山的顯通寺和菩薩頂，原來都是漢傳佛教的道場，今日則為藏傳佛教的弘化地；尤其顯通寺，曾是華嚴四祖大弘化的場域，後為禪宗道場，今則改為藏傳佛教的據點。為什麼呢？因為道場的基礎不穩，一旦人才缺乏，立場的屬性隨時可換。

因此，為了堅定漢傳佛教的立場，除了一代一代的負責人必須站穩腳跟，堅持漢傳佛教的傳統；更要透過一代一代地辦教育，培養漢傳佛教的薪傳人才，如此才能固守漢傳佛教的根本立場。今天我們在祖堂辭歲，這一份光榮、這一份恩德得來不易，我們要感恩歷代祖師的恩澤，包括把法脈從中國大陸傳至臺灣的我的兩位師父：東初老和尚及靈源老和尚。

現在我們的僧團有兩百多人，每年人數仍在成長，道場也在增加中，力量勢必愈大，然而諸位一定要謹記：永遠不能拋開創辦人的理念、目標和方向。在我們僧團，生活是漢傳佛教傳統的生活型態，思想是漢傳佛教傳統的修行思想，方法是漢傳佛教傳統的修行方法，這就叫「傳統」。我們可以接收、運用和參考南傳和藏傳的優點，使漢傳佛教更豐富、更有彈性，但如果放棄自己的立場，專用他系的方法，這是有問題的。

過去我到藏傳、南傳的道場參訪，有的根本不允許我們穿漢傳佛教的僧服，甚至要求我們要重新受他們的戒，在他們那裡學習。法鼓山的要求並沒有這麼嚴格，但是到我們山上來，就要遵守我們的方式，接受我們的環境，配合我們的生活型態，否則山上就會變成五花八門，一片散漫，失去莊嚴的整體性。

我們辦的教育，包括法鼓山僧伽大學、中華佛學研究所、法鼓佛教研修學院，以及未來的法鼓大學，都是基於同一個目標、方向、理念與要求，這是我的期許。

法鼓山的道風不能變

如何保持我們道場的道風不變、性質不變，以及方向不變？那就要請諸位善知識把握一個原則：像我一樣，經常在重要的關頭，重新提起我的師父東初老和尚對我的交代。那是我不敢違背、不敢踰越的。諸位在人前人後，或是弘法、住持道場，都要說：「我的師父是這麼說的，是這麼交代我們的！而我們是根據他老人家的理念、指導和悲願，戮力往前。」一定要常常這樣講。

師父不是獨裁者，也不是什麼權威者，而是代表法鼓山的創始精神。法鼓山如果離開師父的創始精神，每個人各有想法、各有作法，將來會很辛苦。譬如有五個人，有五種看法，各自堅持說：「這是我的想法，這是我的看法，事情就該這麼做。」此時，一定要馬上回到師父的理念，不管師父是否健在，都要回歸到師父的創始精神，這樣，「中華禪法鼓宗」的立場才不會變質。

因此，要凝聚我們團體的精神，一代一代傳承，要維持幾百年不變，就必須要回溯到聖嚴師父的理念。

為什麼日本佛教各個宗派能那麼穩固、堅強，流傳數百年，而且還能不斷吸引外來者加入、學習，進而在宗派裡擔任職務，一心奉行？實際上，日本各宗派的人才，大多是來自外面，內部的人才反而少。尤其日本有些寺廟，出家人就是傳承者，自己沒有子嗣，就必須向外求才，而外來的繼承者則必須遵行這個宗派的創始者所訂下的規章及方向。

以日蓮宗為例，沒有一人不講日蓮上人的理念，否則就無從在日蓮宗立足；在禪宗的曹洞宗來講，人人必說道元禪師，否則沒有立足的餘地。同樣地，在淨土宗，如果不講法然上人，也就難以立足；所以，一定要追溯到該宗派創始人當時的創建理念、規範，以做為遵行的準則，而這個準則就在文獻裡。一旦有所爭執，就要審視當時的文獻，不能個人隨其意解，任意改變。

請諸位善知識隨時提起師父今天開示的原則：堅持中華禪法鼓宗的傳統、謹守我們的道風，以及維護僧團的章程不變。祝福大家，阿彌陀佛。

（二〇〇七年二月十三日講於法鼓山園區開山紀念館僧團辭歲禮祖，原收錄於《二〇〇七法鼓山年鑑》）

培育漢傳佛教的人才

今天是法鼓山僧伽大學的畢業和開學典禮、法鼓佛教研修學院的開學典禮、中華佛學研究所的畢業和開學典禮，以及漢藏佛教文化交流研究班的畢業和結業典禮，我要在這裡恭喜大家。

我也要謝謝諸位老師，非常辛苦地指導，讓同學們慢慢培養出對佛法的認知、對佛教的熱心，並且學會修心的調養，而成為佛教的人才，這都是老師們的貢獻。法鼓山的教育體系，從原來的中華佛研所，後來漸漸地發展出僧伽大學、漢藏佛教文化交流研究班，以及法鼓佛教研修學院，佛教的教育體系可說已經完成了。中華佛研所的成果是豐碩的，許多畢業生出國留學已取得博士學位，我們感到非常安慰。當我辦中華佛研所的時候曾經說過：「佛教如果今天不辦教育，就沒有未來。」而這主要是指漢傳佛教。漢傳佛教在教育事業方面，只有太虛大師辦了幾個佛學院造就人才，到了臺灣以後，每一個道場都在辦佛學院，不過畢業以後沒有升學的機會，所以無法培養出人才。

教育是根本大計

反觀藏傳佛教的教育基礎非常紮實，孩子很小的時候就去出家，而我們到了二、三十歲才出家，所以教育差距是相當遠。現在法鼓山有專門培養宗教師的僧伽大學，造就出家的人才，為我們中華禪法鼓宗建立比較有規模的僧團，也是建構漢傳佛教裡的一個僧團。僧伽大學的學生，主要的修學目的是成為出家人。在四年的過程當中，不完全是大學教育，主要是僧才教育，然後做一個出家人像一個出家人，是出家人的心態，是住持三寶、人天師範的人才。

另外，中華佛學研究所這一屆研究生畢業以後，我們就不再招生，由法鼓佛教研修學院取代中華佛研所的功能。過去中華佛研所只有碩士班，未來研修學院除了碩士班，還有大學部，並且朝向博士班努力。在法鼓山的體系下，研修學院是培養研究的人才、文化的人才，也是宗教師的人才。同學們可以做傳教師的工作、文教的工作，也可以做研究的工作，性質跟僧伽大學不一樣。現在我們有十五位研究生，其中有兩位出家人，出家人本身首先要做好宗教師，此外再做研究的工作。宗教師能不能到學校去教書？當然可以，但主要是做出家人的本分事。

諸位到了法鼓山要學習我們的道風，請不要認為你們只是來讀書的，一定要跟我們的道風相應，否則，各位的生活、行為、形象，會跟法鼓山格格不入，請諸位要建立學風、建立道風，未來這就是你們的貢獻。

建立法鼓山的道風與學風

所謂的「道風」，就是我們山上的修行、法鼓山的理念，以及法鼓山的生活型態，這都是我們的道風。學風則是研究的風氣，我希望法鼓山的學風不是一個人單打獨鬥，關起門來在研究所裡一個人研究，而是整體性的，第一屆這十五位學生是一個群體，互相學習各人的所長，而團體也要有團體的研究，彼此互動，不同領域要互相地交錯研究，這就成為我們開闊的學風了。

比如美國哈佛大學（Harvard University）、臺灣大學，他們的學風都是第一屆同學、老師建立的。現在你們是第一屆的研修學院同學，要把學風建立起來，並且配合、適應法鼓山的道風，如此一來，各位的素質、品質跟其他學校的宗教系、所是不一樣的，社會大眾對法鼓山的畢業學生、研究生會另眼看待，而不一樣的地方，就是因為我們學風與道風的影響。

漢藏班的喇嘛同學們這幾年來在山上適應我們的環境，學習漢語，進步得很快。但是漢藏班會暫時停辦，我們大家要努力向政府申請，或是向你們的臺灣代表爭取，使漢語、藏語兩種文化能夠繼續交流。現在諸位只是學了漢語，真正的漢傳佛教還不了解，還沒開始翻譯漢傳佛教文獻，我希望未來無論你們在山上也好，不在山上也好，要持續對漢傳佛教用一點心，否則僅僅只是單方面學會了漢語，在臺灣對臺灣人傳教，那是不夠的，如何能把漢傳佛教介紹到西藏文化系統裡，這樣才是交流。

漢傳佛教如果不辦教育，就沒有明天。然而我們現在已經在辦教育，有沒有明天了呢？到現在為止還是沒有看到，雖然今天出席很多人，但是在國際上的學術會議、宗教會議等，仍然看不到漢傳佛教的人才。如果漢傳佛教要出人頭地，就要主導這些會議，但是藏傳佛教、南傳佛教，以及日本佛教都有，只有我們漢傳佛教很寂寞，所以我們要加一把勁，好好發願：「我在這裡讀書，就是希望為漢傳佛教開拓明天的大門。」

近年，我經常在國際上出席各項宗教交流會議，曾被視為佛教領袖代表，也被選為國際會議組織的代表，甚至被推舉為國際會議的主持人，這在漢傳佛教界中並不多見，尤其是能走到國際舞台的漢傳出家人，在臺灣、中國大陸並不多，這不僅僅是語文的問題，悲願很重要，就是對佛教的熱心、對國際佛教的熱心，或是對國際宗教的熱心參與、奉獻，這是非常重要的，這樣才能夠成為漢傳佛教真正的國際人才，這是我給諸位的建議。阿彌陀佛。

（二〇〇七年九月十六日講於法鼓山園區法鼓山大學院教育九十六學年度畢結業暨開學典禮，原收錄於《二〇〇七法鼓山年鑑》）

以宗教師應具備的涵養來教育學僧

法鼓山僧伽大學佛學院開辦已經八年了，辦校的成績有目共睹，社會各界的風評也很好，為了對諸位授課老師表示謝意與敬意，因此舉辦了這場餐敘。

以身作則　弘揚正信的佛教

僧大學生畢業、入眾以後，都有不錯的威儀，出家人僅僅以威儀就能夠感動、感化社會大眾，而能以身教、言教來感動、感化社會大眾的，即是宗教師。而僧大佛學院就是以養成未來佛教宗教師人才為目標。其實「宗教師」這個名詞，過去在中國大陸是沒有的，因為當時並不重視弘化教育。關於宗教師對社會的弘化，在基督教、天主教方面都做得很好，只有佛教是隱居起來修行。因為大部分佛教徒認為的修行，就是要一個人躲在山裡，或者住進大寺廟的禪堂裡，能真正負起社會弘化教育責任的就很少了。因為沒有弘化，所以人們多半不知道什麼是正信的佛教，什麼是非正信的佛教，只知道佛教就是拜拜，或者是超度亡靈，為亡者超度誦經、做七、做週年或三週年等。因此佛教在中國聽起來好像很普遍，事實上，並不全是正信的佛教。

法鼓佛教學院有一位楊郁文老師，曾寫過一篇〈《正信的佛教》讀後語〉，調查他在臺灣任教的佛學院、佛學研究所的學生，發現他們之所以進入正信佛教團體的原因，有三分之一的人是因為看了我寫的《正信的佛教》這本書，才開始學佛、進入研究所，可見在這本書出版以前，大家可能不是很清楚什麼是真正的佛教。正信的佛教應該由誰去傳播呢？最好是出家人以身作則，到社會上去弘揚，這正是身為宗教師應該擔負的任務。

以培養佛教宗教師人才為目標

因此，我們教學的目的，就是培養佛教宗教師人才，這在臺灣幾乎還沒有一所佛學院、研究所提出這樣的目標。請諸位老師不要忘記、不要放棄、也不要反對，因為如果離開了這個目標，那我們培養出來的人才，可能只會對研究學術、佛學知識有用，而對現實社會的大眾和生活沒有什麼用處。譬如我最近為了論文獎助而看了幾篇各大學宗教研究所學生寫的碩士論文，寫得都非常好，都應該得獎，但是這些論文是考據性的、是研究性的、是分析性的、是考察性的，對於要做學問、寫論文的人有用，可以做為參考資料，但是對於當今整體社會的助益不大。從研究面來看，我們的佛學研究所及佛教學院，都是朝學術研究方向培養人才，但是僧大佛學院不同，培養的是宗教師人才，所以無論是上哪一種課程，諸位老師都要把學生導向宗教師人才這個方向，不要朝學術的、學問的、語文的這些方面培養，而把他們帶成研究性的學者。

宗教師必備的基礎養成

不過，僧大佛學院對於語文方面也很重視，雖然不一定要訓練到會說藏文、巴利文、梵文，或是能夠讀研究所的程度，只要做概略性的介紹，或是能夠查字典即可，不需要一直深入下去。但是，要具備英文的基礎語文能力，最好能夠學得很好，因為我們佛學院只有四年的時間，養成班只有兩年，要學的東西非常多，時間是不夠的。

現在我們有這麼多的老師在僧大任教，大概有四十位，師資陣容不僅說是堅強，而且非常龐大，不像過去我讀佛學院的時候，只有五、六位老師。在當時，多半的佛學院最多有十位老師就已經是不得了了，而我們這樣龐大的師資陣容，即使對現在一般的佛學院來講，也是很少見的，因此學僧要學的東西非常多，他們必須要在這四年之中，把每一門課都學好。

譬如書法，這對出家人來說很重要，如果書法寫得好，對一個宗教師而言，有著許多方便。你寫法語送人，他們會很高興，說：「這是某位老法師寫的字，特別送給我的。」而把它當成寶貝，所以要教學僧們把字練好。

另外，我們的梵唄老師特別多，但是據僧大副院長的說法，不用擔心將來會變成南腔北調，因為是一個年級一個年級地升上來，最後會整合成為法鼓山的梵唄。所以我們的梵唄老師雖多，但是所教的梵唄應該是統一的，並且愈來愈好。如果有的學僧不會唱，喉嚨也不好，那最好要教他們學會敲木魚、敲鐺子、敲鉿子、敲鼓等等。但是，並非喉嚨不好就一定不會唱誦。譬如最初我看果祺法師的喉嚨是反掉的，以為他將來大概不能夠唱誦，結果他把唱誦練起來了，現在他放焰口放得真好。所以，我們可以用他的例子來鼓勵那些喉嚨不好的學僧，說：「師父原先說果祺法師的喉嚨是反的，但是他勤練唱誦，現在他放焰口都唱得很好。」梵唄是一個宗教師基本的飯碗，希望每一個人都要學會、學好。

言教、身教並重的佛化教育

還有，我們法鼓山的宗教師，要知道法鼓山的基本理念是心靈環保，它的核心有兩句話：「提昇人的品質，建設人間淨土。」因此「提昇品質」是非常重要的。老師必須以身作則，不管是在台上或是台下，都要有威儀，否則學僧們就會有樣學樣。如果老師叼一根菸，要上台了才把菸息掉，一下台又開始抽起來了，這就很糟糕。另外，在服裝上不需要穿得非常好，但是要整齊、清潔。這樣學僧看到老師的時候，才會覺得是很有威儀的。

我在念靜安佛學院的時候，我很佩服幾位老師，因為他們非常有威儀。其實不只法師要有威儀，居士也是一樣。在有威儀的居士之中，最具代表性的就是林子青居士。我初次見到他，心中就不禁讚歎：「真是一位了不起的居士。」他沒有什麼漂亮或者是高貴的服裝，但總是穿得整整齊齊。後來我到大陸北京時見到他，雖然那時他已經是八十多歲的人，他的衣服還是穿得整整齊齊，讓我非常佩服。

因此，老師們上講台，衣服一定要整齊，這樣無形中也是在教育學僧們，服裝要保持整齊、清潔。如果法師的衣服上有很多的菜漬、飯塊，或是有很多的圖案，不僅不好看，也會讓人笑話。因此，衣服一定要洗得乾乾淨淨的。衣服不怕破，破了只要把它補起來就好了，現在僧團裡有縫紉室，衣服破了就交給縫紉室補，否則不好看。

還有我們的頭髮，按照古叢林的規矩，是半個月剃一次，西藏則是一個月剃一次，因為他們那裡的氣候乾冷。而我們因為位在亞熱帶氣候的臺灣，頭髮長了覺得不舒服，所以一個禮拜剃一次，希望也能夠要求學僧將頭髮整齊地剃乾淨。

中華禪法鼓宗是漢傳頓悟禪

我們是漢傳的禪佛教，在禪堂門口有一塊石頭，上面刻了「中華禪法鼓宗」六個大字，希望諸位老師都能夠記得。「中華禪」是漢傳佛教的禪，因此，老師們在講禪的時候，不是講《瑜伽師地論》、《俱舍論》、《成唯識論》等印度論書裡的禪，雖然印順法師講的禪，也大概都是印度論書裡面的禪，講得很好、很有次第。這不能說不對，但卻是小乘的次第禪法。而我們中華禪法鼓宗是印度佛教傳到中國本土之後發展出來的禪，是中國漢傳頓悟的禪法。

法鼓山的禪只有二門，一門是臨濟宗，另外一門是曹洞宗，都是頓悟法門。特別是曹洞宗的默照禪，這是我重新發現的，在中國大陸已經沒有默照禪。在叢林裡面，曹洞宗都是念佛，而我則是根據曹洞宗的著作，自行研究出默照禪的修法，然後自己去修、去體驗它。修了以後，自己有了體驗，才開始教人，逐漸形成中華禪法鼓宗裡面的一門禪法。所以，老師們要灌輸學僧一個觀念——我們法鼓山所傳的中華禪法鼓宗，是臨濟的話頭禪，也是曹洞的默照禪。

最近我看到《人生》雜誌的一篇人物專訪，對象是一位越南裔德國籍比丘行戒法師，他在越南出生，在德國養成，現在還住在德國。他曾經在法鼓山禪堂修學了兩年，學習禪法的過程是一項一項地修：首先修默照禪，等默照禪修到了一定程度後，接著學話頭禪。但是學話頭時又重新回到入門，從頭開始。而我們的法師也給了他很好的指導，並非今天教他修這樣，明天教他修那樣，而是要他一門深入。他修得很好，也很有信心，他說現在越南已經沒有禪宗了，所傳的都是淨土宗，都在修念佛法門，因此，他要把中華禪法鼓宗傳到德國去，傳到歐洲去。

雖然外國人都非常珍惜中華禪法鼓宗的精華，但是我們自己卻看不起自己。在臺灣或是大陸，今天強調漢傳佛教的團體很少，有很多人批評，認為漢傳佛教的團體以及教團的現象非常混亂，而在叢林之外的佛教道場以及出家人的形象、生活儀態也很低落，這樣的漢傳佛教讓人覺得沒有用處，好像是不值得學習、不值得傳承的。

傳承、創新漢傳禪佛教

可是我看從魏晉南北朝、隋唐一直延續下來，漢傳佛教的本色、經義，並不是毫無可取之處，直到明末的漢傳佛教，有蓮池大師、憨山大師、蕅益大師、紫柏大師等四位大師，清朝也有幾位大師，他們的行儀非常可佩；而近代的太虛大師、虛雲老和尚、弘一大師、印光大師，這四位大師也仍然是倡導中興漢傳佛教，為什麼到了現代，漢傳佛教就不值得學習了呢？在我看來，漢傳佛教是非常值得學習的。因此，我的宗旨，是要使法鼓山成為漢傳佛教的中心，既是研究漢傳佛教的中心，也是傳揚漢傳佛教的中心，更是將漢傳佛教弘化至世界的中心。

特別是漢傳禪佛教非常有彈性，也就是很有適應性，在任何環境、任何社會都可以適應，這是中國禪宗的特性，其他宗派並沒有這樣的適應性。譬如南傳佛教沒有這種適應性，藏傳佛教本來沒有適應性，現在因離開西藏，弘揚到西方國家，因需要而變得有適應性。而漢傳佛教本來就具有適應性。

我們法鼓山佛學院的教育是以弘揚漢傳佛教為中心，以漢傳佛教的傳承、創新為宗旨。漢傳佛教一定要創新，無論是我們現在傳承的臨濟宗和曹洞宗，都要有創新的一面，因為我們要適應歐美社會及世界的文化，才能夠在西方各國傳播，如果沒有創新的一面，不具有適應歐美文化、社會的彈性，就不能夠在歐美及世界其他地方傳播開來。所以傳播的時候，同時要有創新。

因此，要請老師們告訴學僧，法鼓山傳承的是中華禪法鼓宗，無論到哪一個地方，都要說我們傳承的是中華禪法鼓宗。至於其他印度論書裡面的禪學，我們雖然不傳，也不修，但是可以看、可以研究、可以了解。若是有人來為我們講說印度的禪，我們可以聽，但是絕對不學印度的禪，我們的宗旨是傳承與創新中華禪法鼓宗。

如此一來，當學僧們看到法鼓山禪堂門口那一塊石頭上的「中華禪法鼓宗」六個字，心裡會覺得很高興，會感覺回家了——回到我們慧命傳承的家，否則「中華禪法鼓宗」那幾個字沒有什麼意思，唯有當中華禪法鼓宗與我們的生命有確切相關時，才會有意義。

（二〇〇八年九月四日講於北投農禪寺僧大教師與執事法師餐敘，原收錄於《二〇〇八法鼓山年鑑》）

國家圖書館出版品預行編目資料

法鼓山的方向：護法鼓手 / 聖嚴法師著 . --
初版 . -- 臺北市 : 法鼓文化 , 2019.02
面； 公分
ISBN 978-957-598-811-1（平裝）

1. 佛教說法 2. 佛教教化法

225.4 107023274

人間淨土 43

法鼓山的方向：護法鼓手

The Direction of Dharma Drum Mountain: Dharma Supporters

著者 聖嚴法師
出版 法鼓文化

總審訂 釋果毅
總監 釋果賢
總編輯 陳重光
編輯 林文理、詹忠謀、李書儀
內頁美編 陳珮瑄
地址 臺北市北投區公館路 186 號 5 樓
電話 (02)2893-4646
傳真 (02)2896-0731
網址 http://www.ddc.com.tw
E-mail market@ddc.com.tw
讀者服務專線 (02)2896-1600
初版一刷 2019 年 2 月
初版二刷 2022 年 12 月
建議售價 新臺幣 180 元
郵撥帳號 50013371
戶名 財團法人法鼓山文教基金會 — 法鼓文化
北美經銷處 紐約東初禪寺
Chan Meditation Center (New York, USA)
Tel: (718) 592-6593 E-mail: chancenter@gmail.com

法鼓文化

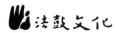